Netzwerk neu

A2 | Intensivtrainer

Paul Rusch

Ernst Klett Sprachen
Stuttgart

Autor: Paul Rusch
Redaktion: Cornelia Rademacher
Herstellung: Alexandra Veigel
Gestaltungskonzept: Petra Zimmerer, Nürnberg;
Alexandra Veigel
Layoutkonzeption: Petra Zimmerer, Nürnberg
Umschlaggestaltung: Anna Wanner
Illustrationen: Florence Dailleux, Frankfurt
Satz: Regina Krawatzki, Stuttgart
Reproduktion: Meyle + Müller GmbH + Co. KG, Pforzheim
Titelbild: Dieter Mayr, München

Informationen und zu diesem Titel passende Produkte finden Sie auf www.klett-sprachen.de/netzwerk-neu

Der Umwelt zuliebe!
• Aus Recyclingfasern
• Leichtere Grammatur
• Keine Folie

RECYCLED
Papier aus
Recyclingmaterial
FSC® C005370

1. Auflage   6 | 2025

Druck und Bindung: DRUCKEREI PLENK GmbH & Co. KG, Berchtesgaden

ISBN 978-3-12-607166-6

Inhalt

Symbole im Intensivtrainer

1 Aufgabe im Kursbuch und Übungsbuch

1 passende Übung im Intensivtrainer

🗨 Vergleichen Sie Deutsch mit anderen Sprachen.

→•← Sie haben zwei Möglichkeiten, wie Sie die Aufgabe lösen.

! Hier bekommen Sie einen Tipp.

W Hier lernen Sie Regeln zur Wortbildung.

Und was machst du?

1 a Zu welchen Angaben passen die Fragen? Ordnen Sie zu.

Mara-Sophie Lemper ____

Journalistin ____

Heinestraße 5, Düsseldorf ____

lesen, reisen und reiten ____

Spanisch und Englisch ____

Blau, blau wie das Meer ____

Granada in Südspanien ____

A Was ist ihre Lieblingsfarbe?

B Was macht sie beruflich?

C Was macht sie gern in ihrer Freizeit?

D Welche Sprachen spricht sie?

E Wie ist ihr Name?

F Wo ist sie besonders gern?

G Wo wohnt sie?

b Zu welchem Thema passen die Wörter und Ausdrücke? Notieren Sie.

ein Apartment mieten | zusammenleben | ~~lernen~~ | Freunde treffen | die Uni besuchen |
auf dem Land leben | feiern | zur Schule gehen | Spaß haben | Sport machen |
das Stadtzentrum | studieren | ein Studium machen | die Wohnung renovieren | ausgehen

Ausbildung	Freizeit	Wohnen
lernen,		

2 Die Familie. Wählen Sie.

A Ergänzen Sie die Lücken.
   Die Wörter unten helfen.

B Ergänzen Sie die Lücken.

Meine Familie ist ziemlich groß. Ich habe zwei Geschwister, eine Schwester und

einen (1) _____. Meine (2) _____ sehe ich

nicht so oft, sie lebt weiter weg. Mein Bruder lebt mit seiner Partnerin ganz in der

Nähe. Sie haben zwei (3) _____, Sophie und Noah. Ihre

(4) _____ Sophie ist erst ein Jahr alt und total süß. Ihr

(5) _____ Noah ist vier. Manchmal ist er über das Wochenende

bei mir.

Meine Eltern leben getrennt, sie sind seit zehn Jahren (6) _____. Ich habe viel

Kontakt zu meinem (7) _____, wir sehen uns fast jede Woche. Meine

(8) _____ kann ich nur im Urlaub besuchen. Sie lebt mit ihrem Partner in Frankreich.

Bruder | geschieden | Kinder | Mutter | Schwester | Sohn | Tochter | Vater

3　Was hat Liam gemacht? Ergänzen Sie die Lücken.

1. Liam _____ vor ein paar Jahren nach Hamburg _____ (ziehen). 2. Er

_____ eine Wohnung nahe bei seiner Arbeit _____ (finden). 3. Zwei Jahre

später _____ Liam ein Studium _____ (anfangen). 4. In den Ferien _____

er zwei Monate durch Norwegen _____ (reisen). 5. Auf der Reise _____ Liam

auch ein bisschen Norwegisch _____ (lernen). 6. Die Zeit in Norwegen _____

ihm sehr, sehr gut _____ (gefallen). 7. Also _____ er in Norwegen einen

Job _____ (suchen). 8. Liam _____ zwei Jahre dort _____

(bleiben). 9. Danach _____ er sein Studium _____ (abschließen).

4 a　Markieren Sie die Partizipien. Schreiben Sie *er ist / hat* + Partizip II zum passenden Infinitiv.

ABIDQWEETBELEFIGESEHENKOLAGEHOLFENWIETOGETROFFEN
LABIKGESCHRIEBENBILASUGEFAHRENMANECAGENOMMENHAKUN
AMATATAGESCHLAFENNEMA**GEGESSEN**VASIGEGANGENSCHL

essen – *er hat gegessen*	helfen – _____	schreiben – _____
fahren – _____	nehmen – _____	sehen – _____
gehen – _____	schlafen – _____	treffen – _____

b　Das habe ich schon gemacht! Antworten Sie mit Sätzen im Perfekt.

1. ○ Ruf Emil an!　　● *Ich habe ihn schon angerufen.* _____

2. ○ Fang bitte an!　　● _____

3. ○ Schreib die Nummer auf!　　● _____

4. ○ Lad die Freunde ein!　　● _____

5. ○ Mach das Handy aus!　　● _____

6. ○ Räum die Sachen weg!　　● _____

c　So ein Mist! Ergänzen Sie die Sätze.

be　be　er　ges　gon　kom　den　men　nen
über　ver　ver　ver　stan　wie　passt　sen　sen　zählt

1. Tut mir leid, das habe ich falsch *verstanden* _____. 2. Oje, ich habe den Termin

_____. 3. Oh nein, jetzt habe ich den Zug _____. 4. Schade, ich habe

deine Nachricht nicht _____. 5. Was? Wer hat dir das _____?

6. Der Kurs hat schon gestern _____. 7. Ach, ich habe das Geld nicht

_____.

d **Im letzten Jahr. Ergänzen Sie die Lücken.**

1. Im letzten Jahr _____ viel _____ (passieren).

2. Eine Freundin _____ an ihrem Geburtstag eine Party

_____ (feiern). 3. Da _____ ich Jan zum ersten Mal _____

(treffen). 4. Wir _____ an dem Abend viel miteinander _____ (reden).

5. Am nächsten Tag _____ er mir gleich eine Nachricht _____ (schreiben).

6. Und am Abend _____ wir uns wieder _____ (sehen). Ich bin so glücklich

mit Jan. 7. Im Sommer _____ wir zusammen in die Berge _____ (fahren).

8. Unser Urlaub _____ mir so gut _____ (gefallen). 9. Da _____ ich auch

mit Jan Joggen _____ (anfangen). 10. Wir _____ im letzten Jahr viel zusammen

_____ (laufen).

5 *h, ch, sch* oder *k/ck*? Was ist richtig? Ergänzen Sie.

1. Am Mittwo*ch*___ ___aben wir im Sprach___urs viel gelacht. Du warst ni___t da, ___ade.

2. Mein ___ollege Wayan ___ann sehr gut ko___en. Er mö___te ___efkoch werden.

3. Daria spri___t Polni___ und Deut___. Sie liest gern und hat viele Bü___er zu ___ause.

4. Am Wo___enende war mein Freund in Züri___. Er ___at eine Na___ri___t geschi___t.

5. Wir fahren ___eute zu einem ___onzert. ___ast du au___ Lust? ___ommst du mit?

6 **Einladungen und Antworten. Ergänzen Sie.**

Am Samstag Abendessen (1) b__ __ uns, ab 7 Uhr. (2) K__ __ __ __ __ du?

Komme gern, hab (3) eu__ __ lange nicht gesehen. (4) W__ __ kann ich mitbringen?

Sonntag um 11, (5) Früh__ __ __ __ __ bei mir? Felix (6) i__ __ da, Lea und (7) i__ __ Freund auch.

Sonntag geht nicht, (8) sch__ __ __! Wir machen einen (9) Aus__ __ __ __ mit den Eltern.

Hi Marvin, morgen (10) fa__ __ __ __ wir in die Berge. (11) Fä__ __ __ __ du auch mit?

Gute Idee. Wann (12) wo__ __ __ ihr losfahren? Ich (13) m__ __ __ um 8 zurück (14) s__ __ __. Geht das?

Wir grillen heute (15) A __ __ __ __. Hast du Zeit und (16) L__ __ __?

Vielen Dank, ich (17) k__ __ __ __ gern. Kann ich etwas (18) mitb__ __ __ __ __ __? Wann (19) wo__ __ __ ihr anfangen?

7 a   Warum ist das so? Schreiben Sie *weil*-Sätze.

1. Julia geht einkaufen,   *weil sie am Abend kochen möchte.*
   am Abend / sie / möchten / kochen

2. Sie hat Lea und Viorica eingeladen, _____
   sie / möchten / ihre Freundinnen / sehen

3. Das Essen ist sehr lecker, _____
   Julia / sehr gut / kochen / können

4. Lea und Viorica fahren ans Meer, _____
   sie / schwimmen und surfen / gern

5. Julia macht lieber im Winter Urlaub, _____
   sie / Ski fahren / sehr gern

6. Das Abendessen dauert lang, _____
   alle / viel erzählen / Spaß haben / und

b   Was passt für Sie? Markieren Sie und schreiben Sie dann *weil*-Sätze.

Ich trinke oft | nicht oft | nie Kaffee, weil _____
_____

Ich gehe oft | nicht oft | nie ins Kino, weil _____
_____

Ich mache oft | nicht oft | nie Sport, weil _____
_____

Ich lerne gern | nicht gern gemeinsam, weil _____
_____

Ich gehe gern | nicht gern zu einer Party, weil _____
_____

8   Wir können doch ... Welche Antwort passt? Kreuzen Sie an.

1. Ich gehe jetzt essen. Kommst du auch mit?
   a Geht es auch ein bisschen früher?
   b Ich möchte gern, aber ich habe einen Termin.

2. Ich gehe am Samstag schwimmen. Hast du auch Lust?
   a Oh ja, gern. Wann möchtest du gehen?
   b Einverstanden. Ich mache jeden Sonntag Sport.

3. Gehen wir morgen zusammen auf den Flohmarkt?
   a Das ist eine gute Idee, ich mag Flohmärkte nicht.
   b Schade, morgen geht es leider nicht.

4. Ich hole einen Kaffee. Soll ich dir auch einen mitbringen?
   a Oh ja, in welches Café gehen wir?
   b Das ist sehr nett von dir. Aber ich hab heute schon zwei getrunken.

5. Lernen wir gemeinsam für die Prüfung? Hast du am Freitagnachmittag Zeit?
   a Schade, da geht es leider nicht. Da muss ich arbeiten.
   b Oh ja. Am Freitag habe ich einen Termin.

9   **Im Dunkelrestaurant. Was fehlt:** *und*, *oder*, *aber*, *weil*? **Ergänzen Sie.**

1. Ich war zum ersten Mal in einem Dunkelrestaurant _____ es war sehr interessant.

2. Wir haben am Eingang ein Menü gewählt, _____ man ja drinnen nichts mehr sieht.

3. Der Kellner sieht auch nichts, _____ er hat uns ohne Probleme zum Tisch geführt.

4. Man muss mit den Händen fühlen, wo das Glas steht _____ wo die Gabel liegt.

5. Ich habe sehr langsam gegessen, _____ ich nichts gesehen habe.

6. Wir haben am Tisch viel geredet _____ über die Situation gelacht.

7. Es war spannend, _____ ich möchte nicht noch einmal ins Dunkelrestaurant gehen.

8. Das nächste Mal gehen wir Italienisch _____ Französisch essen.

10   **Was passt zusammen? Verbinden Sie.**

hören   sehen   schmecken   riechen   fühlen

Wortbildung – Nomen aus Verben

a   **Suchen Sie die Verben in den Texten. Markieren Sie den Unterschied.**

essen | fühlen | hören | kochen | riechen | schmecken

Ein Restaurant ohne Licht – es ist ganz dunkel. Sie können beim Essen Ihre eigene Hand nicht sehen. Jetzt ist nur noch das Hören, Riechen, Fühlen und Schmecken wichtig.

Mir macht Kochen wirklich Spaß. Aber nicht nur das Kochen, natürlich auch das Essen! Das sieht man.  Zum Kochen brauche ich Zeit und Musik. Dann bin ich sehr entspannt.

b   **Lesen Sie die Verben und die Sätze. Ergänzen Sie in den Sätzen das passende Nomen.**

essen   hören   laufen   grillen   schwimmen   sehen

Picknick am See. Wir haben Getränke, aber jeder bringt selbst etwas zum

(1) *Essen* _____ oder Fleisch zum (2) _____ mit.

Die Übung „Lernen mit allen Sinnen" war lustig. Für mich ist

(3) _____ wichtig, ich brauche Bilder. Vom

(4) _____ allein kann ich mir Wörter nicht gut merken, ich

muss sie auch lesen und schreiben.

Mein Hobby ist Sport. Am liebsten gehe ich joggen. Beim (5) _____ vergesse ich die

Arbeit. Oder ich gehe ins Schwimmbad. Nach dem (6) _____ bin ich wieder richtig fit.

W

Den Infinitiv kann man auch als Nomen verwenden: *kochen* – **das Kochen**. Der Artikel ist immer **das**.

Oft verwendet man Verben als Nomen mit *bei* (*beim Essen*) oder *zu* (*zum Kochen*).

Nach der Schulzeit

1 a **Schulfreunde treffen. Ergänzen Sie das Gespräch.**

○ Hallo Ayla, (1) w__ __ geht's?

● Gut. Und (2) d__ __?

○ Super. Sag mal, (3) w__ __ hast du nach der (4) Sch__ __ __ gemacht?

Du wolltest Kunst (5) stu__ __ __ __ __? Oder nicht?

● Na ja, ich wollte (6) et__ __ __ Kreatives machen. Ich habe zuerst ein

(7) Prak__ __ __ __ bei einer Werbeagentur (8) ge__ __ __ __.

○ Ach, (9) wir__ __ __ __? Und, hat dir das (10) Sp__ __ gemacht?

● Oh ja, das (11) h__ __ mir sehr gut (12) gef__ __ __ __, und dann habe

(13) i__ __ Grafik studiert. Da (14) w__ __ ich in Augsburg.

○ Ah, gut. Und was (15) ma__ __ __ __ du jetzt?

● Ich (16) arb__ __ __ __ seit einem Jahr (17) a__ __ Grafikerin bei einer Zeitschrift.

b **Nach der Schule. Ergänzen Sie die Verben in der richtigen Form.**

arbeiten | brauchen | gehen | lernen | machen | reisen | sein | studieren

Luis ist ein Jahr lang durch Südamerika (1) *gereist* _____. Dann

ist er zurück nach Deutschland (2) _____ und hat auf

Messen (3) _____. Jetzt (4) _____ er eine

Ausbildung als Altenpfleger.

Simone (5) _____ nach der Schule als Au-pair in England.

Dort hat sie richtig gut Englisch (6) _____.

„Das (7) _____ man für Informatik", sagt sie. Jetzt

(8) _____ sie an der Uni.

2 **Und Sie? Ergänzen Sie.**

Wo sind Sie zur Schule gegangen?

_____

Was haben Sie nach der Schule gemacht?

_____

Was machen Sie jetzt?

_____

Was haben Sie neben der Schule noch gemacht (Jobs, Sport …)?

_____

3 Über die Schulzeit sprechen. Welche Antwort passt? Verbinden Sie die Sätze.

1. Ich musste immer so früh aufstehen. Der Bus ist um 7:10 Uhr schon gefahren. _E_

2. In den Ferien konnte ich machen, was ich wollte. ___

3. Ich wollte am liebsten immer nur Sport machen. Und du? ___

4. Vor dem Abitur musste ich richtig viel lernen. Wie war das bei dir? ___

5. Konntest du deine Freunde am Abend treffen? Durftest du oft ausgehen? ___

6. Ich habe in den Ferien immer gearbeitet. Ich wollte Geld verdienen. ___

A Wirklich? Meine Eltern wollten immer, dass die ganze Familie zusammen wegfährt.

B Ach, du hattest Glück! Ich musste in der ganzen Schulzeit immer sehr viel lernen.

C Nein, nur am Samstag. Und auch da musste ich früh zu Hause sein.

D Ich musste nicht arbeiten. Ich habe genug Geld von meiner Oma bekommen.

E Ich konnte lange schlafen. Die Schule war nicht weit weg.

F Nein, das hat mir keinen Spaß gemacht. Ich musste in Sport mitmachen. Musste!

4 →•← Was war gut in der Schule, was nicht? Wählen Sie.

A Ergänzen Sie *können, wollen, dürfen* oder *müssen* im Präteritum. Die Wörter unten helfen.

1. In der Schule hatte ich keine Probleme. Nur in Mathe _musste_ ich viel lernen.

2. Wir _____ im Unterricht nichts trinken. Das _____ unsere Lehrer nicht.

3. Erinnerst du dich? Bei Frau Rick _____ wir immer ganz ruhig sein.

4. Wir war es bei euch? _____ ihr auch so viele Hausaufgaben machen?

5. Wir _____ immer Fußball spielen, aber wir _____ nicht. In Sport _____ wir immer nur doofe Übungen machen.

6. Ich habe in der Nähe von der Schule gewohnt, deshalb _____ ich länger schlafen.

B Ergänzen Sie *können, wollen, dürfen* oder *müssen* im Präteritum.

wollten | wollten | musstet | mussten | mussten | ~~musste~~ | konnte | durften | durften

5 Welche Antwort passt? Kreuzen Sie an.

1. Unser Mathelehrer, Herr Winder, kommt auch zum Klassentreffen.
   - a Das kenne ich gut.
   - b Das überrascht mich.

2. In der Klasse von meinem Vater waren 42 Schüler.
   - a Was? Das ist ja schrecklich!
   - b Das kann ich gut verstehen.

3. Die Stunden von unserem Biologielehrer waren immer besonders interessant
   - a Das war bei mir nicht so.
   - b Ach, das ist ja schrecklich!

4. Robert musste 40 Minuten zu Fuß zur Schule gehen.
   - a Das kann ich nicht verstehen.
   - b Wirklich? Mein Schulweg war kurz.

5. In Deutsch mussten wir nie Hausaufgaben machen.
   - a Das war bei mir leider nicht so.
   - b Das ist aber schade!

6 *e, ee* oder *eh*? Ergänzen Sie die Lücken.

1. Wer k____nnt noch uns____re Englischl____rerin? Man durfte keine F____ler machen. Dann war
   sie s____r wütend. Wir mussten j____de Woche für T____sts l____rnen. Es war schr____cklich!

2. Mein Schulw____g war lang, ich musste früh aufst____en und d____n Bus n____men. Am
   Ab____nd war ich ____rst spät zurück. Mein Freund musste nur z____n Minuten g____en.

3. In d____n F____rien bin ich mit den ____ltern an einen S____ oder ans M____r gefahren.

4. Jonas l____bt j____tzt in Zürich, dir____kt n____ben der Uni. ____r spielt g____rn T____nnis und
   möchte sich in einem V____rein anm____lden. Sein Freund d____nkt, das ist eine gute Id____.

7 a **Dativ oder Akkusativ? Kreuzen Sie an.**

1. Maike hat gleich nach ☐ die ☐ der Schule ☐ eine ☐ einer Ausbildung
   angefangen. Sie ist Gärtnerin und liebt ☐ ihre ☐ ihren Beruf. Sie ist gern
   draußen in ☐ die ☐ der Natur.

2. Sara hilft ☐ eine ☐ einer Schülerin in der Schule und auch in ☐ die ☐ der
   Freizeit. Danach will sie ☐ eine ☐ einer Ausbildung machen oder an ☐ eine
   ☐ einer Uni studieren.

3. Vida hat zuerst mit ☐ ihre ☐ ihren Freunden Ferien gemacht und dann
   ☐ ein ☐ einem Studium begonnen. Vidas Eltern bezahlen ☐ die ☐ der
   Wohnung. Für ☐ einen ☐ einem Job hat sie keine Zeit.

b **Wie war es in der Schule? Ergänzen Sie die Fragen. Achten Sie auf den Kasus.**

1. Wie viel Zeit hast du für *die Hausaufgaben gebraucht* ____? (die Hausaufgaben / brauchen)

2. Hast du lieber allein oder mit ____? (deine Freunde / lernen)

3. Durftet ihr ____? (die Handys / benutzen)

4. Habt ihr in ____? (eure Klasse / oft / lachen)

5. Konnte man an eurer Schule ____? (die Fächer / wählen)

6. Hast du ____? (die Mitschüler / helfen)

8 **Was kann man da sagen? Schreiben Sie die Ausdrücke in die passende Spalte.**

Genau, so ist es! | Das finde ich toll | Das ist meine Meinung. | Da denke ich wie du. |
Das sehe ich anders. | Das stimmt nicht. | Das stimmt. | Das finde ich nicht gut. | Das ist richtig. |
Ich denke, das geht nicht. | Ich finde das schlecht. | Ich denke, das ist anders.

seine Meinung sagen	Ich stimme zu.	Ich stimme nicht zu.

9 **Bringen Sie das Gespräch in die richtige Reihenfolge.**

____ ○ Ach, ich bin in zwei Monaten mit der Schule fertig.

____ ● Also, ich habe acht Wochen richtig frei gemacht und bin dann im Herbst gleich an die Uni gegangen. Das war genau richtig für mich. Ich habe gewusst, ich will Jura studieren. Was sagen denn deine Eltern?

_1_ ○ Na, wie ist es denn an der Universität? Gefällt es dir in Leipzig?

____ ● Das ist nicht so einfach. Aber ich habe eine Idee. Besuch mich doch einfach mal in Leipzig. Ich zeige dir mein Studentenleben. Dann weißt du ein bisschen mehr.

____ ○ Ich weiß es noch nicht. Vielleicht mache ich eine Pause, eine Reise oder so was. Oder ich fange gleich eine Ausbildung an. Was hast du gemacht?

____ ● Ja stimmt! Du machst ja bald Abitur. Und was willst du dann machen?

____ ● Ja. Mir geht es in Leipzig richtig gut, das Studentenleben finde ich toll. Warum fragst du?

____ ○ Sie finden, ich soll gleich an die Uni gehen. Wie du! Sie sagen, ich soll keine Zeit verlieren und reisen oder eine Zeit lang arbeiten. Was meinst du?

____ ○ Oh, danke. Das ist eine super Idee.

10 **Lesen Sie den Text. Was ist falsch? Streichen Sie.**

1. Die Universität Wien *gibt / ist* es seit 1365. 2. Sie ist also *seit / über* 650 Jahre alt. 3. Sie liegt im Zentrum *zu / von* Wien und ist sehr *klein / groß*. 4. An der Uni studieren *ungefähr / genau* 90.000 Studierende. 5. Dort *arbeiten / lernen* auch 9.800 Mitarbeiterinnen und Mitarbeiter. 6. Man kann *vor / an* der Universität ca. 230 verschiedene *Fächer / Themen* studieren. 7. Die Uni ist bekannt *für / um* die Bibliothek. 8. Sie *hat / kauft* über 7 Millionen Bücher *oder / und* eine halbe Million E-Books und E-Journals (Zeitschriften).

11 a **Wie war die Schulzeit von Sebastian? Schreiben Sie Sätze. Beginnen Sie mit dem unterstrichenen Wort.**

1. *Sebastian hat sechs Jahre lang* _____

   <u>Sebastian</u> / die Realschule in Jena / sechs Jahre lang / besuchen

2. _____

   <u>der Deutschunterricht</u> / ihm / machen / viel Spaß

3. _____

   <u>in Mathematik und Chemie</u> / er / sehr viel / lernen / müssen

4. _____

   <u>in seiner Schulzeit</u> / er / auch / mehrere Praktika / machen

5. _____

   <u>da</u> / er / verschiedene Berufe / kennenlernen / können

b   Welche Wörter zum Thema „Schule" finden Sie? Markieren Sie.

OKLAPEDITGRUNDSCHULEMAGUFALEREALSCHULEBILEMKUBERUFSSCHULEG
LASONGYMNASIUMVELASIKENFERIENWISENTAABITURLA
SOMIGESAMTSCHULEPLAKOFILKILKAMIABSCHLUSSGUTAMINPRAKTIKUMSO

12   Eine Traumschule? Lesen und ergänzen Sie. Singular oder Plural? Achten Sie auf die richtige Form.

Fach | Mal | Note | Pause | Platz | Problem | Klassenzimmer | Traumschule | Unterricht |
Zeugnis

Celina geht heute zum letzten (1) _Mal_____ in die Schule. Sie ist froh, heute bekommt sie ihr

(2) _____. Celinas (3) _____ sind ziemlich gut, sie hat jetzt den

Realschulabschluss. „Meine Schule war okay", meint Celina, „aber meine (4) _____ war

es nicht". „Warum nicht?" haben wir Celina gefragt. Celinas Antwort: (5) „_____ von

7:30 bis 13:30, oft bis 15:30 Uhr geht gar nicht. Und die (6) _____ sind zu kurz.

Man kann auch keine (7) _____ wählen. Warum müssen alle Mathematik machen? Die

(8) _____ müssen groß und hell sein. Es muss genug (9) _____ für

Bücher und Computer geben.

Und zuletzt: Bei (10) _____ mit Lehrerinnen und Lehrern muss man auch auf uns

Schülerinnen und Schüler hören."

Wortbildung – Nomen auf -er

a   Wer macht das? Schreiben Sie die Wörter an die richtige Stelle.

die Mitarbeiter

die Schüler

der Bäcker

1. Er bäckt das Brot: _der Bäcker_____

2. Er lehrt in der Schule: _____

3. Sie gehen in die Schule: _____

4. Er hat Informatik studiert: _____

5. Er fährt Taxi: _____

6. Sie arbeiten in einer Firma mit: _____

der Informatiker

der Taxifahrer

der Lehrer

b   Markieren Sie das Verb. Wie heißt die Person, die das macht? Schreiben Sie.
    Kontrollieren Sie mit dem Wörterbuch.

1. Er ruft eine andere Person an: _der Anrufer_____

2. Er hilft bei Problemen: _____

3. Er programmiert Computer: _____

4. Er nimmt an einem Kurs teil: _____

5. Diese Leute besuchen andere Personen oder ein Konzert:

    die _____

W

Wer macht das?
Mit **-er** kann man Nomen
bilden, meistens aus Verben.
lehren – **der** Leh**rer**
backen – **der** Bäck**er**
gewinnen – **der** Gewinn**er**
Der Artikel ist immer **der**.

Immer online?

1 **Medien und Geräte: Was ist das? Schreiben Sie die Wörter mit Artikel und Plural.**

FERN	HAN	LAP	RA		BRIL	DIO	DY	HER	LE		LET

SMART	TAB	VR	ZEI	~~ZEIT~~	SE		SCHRIFT	TOP	TUNG	WATCH

1. _die Zeitschrift, –en_   4. _____   7. _____

2. _____   5. _____   8. _____

3. _____   6. _____   9. _____

2 **Was machen die Personen online? Ergänzen Sie die Verben in der richtigen Form.**

(he)runterladen | ausprobieren | checken | kopieren | lesen | recherchieren | ~~schicken~~ | telefonieren

1. Warum hast du nicht gewartet? Ich habe dir doch eine Nachricht _geschickt_____.

2. Die Webseite ist total gut. Ich _____ dir den Link.

3. Whow, das ist cool. Möchtest du die VR-Brille auch einmal _____?

4. Ich studiere. Deshalb muss ich oft auf Webseiten Informationen _____.

5. Nora _____ beim Frühstück immer online die Zeitung.

6. Ich komme sofort, ich muss nur noch meine E-Mails _____.

7. Veras Bruder lebt in Australien. Sie _____ über Internet mit ihm.

8. Sven hört Musik fast immer online, aber gestern hat er ein paar Songs _____.

3 **Welche Form ist richtig? Kreuzen Sie an.**

1. Was ist los? Du hast schon ein paar Tage keine Fotos ☐ posten ☐ gepostet.

2. Jan macht eine Reise. Er möchte jeden Tag ☐ bloggen ☐ gebloggt.

3. Du musst das Dokument haben. Ich habe es dir ☐ mailt ☐ gemailt.

4. Irgendwas stimmt nicht, ich kann die Datei nicht ☐ downloaden ☐ gedownloadet.

5. Nora schreibt fast keine Mails mehr, sie ☐ chattet ☐ chatten lieber.

4 Dinge vergleichen. Wählen Sie.

A Ergänzen Sie. Die Wörter unten helfen.

1. Das Tablet kostet ziemlich viel. (Laptop +)
2. Mona liest gern Blogs. (Bücher +)
3. Bens Laptop ist sehr groß. (Computer +)
4. Der Fernseher ist ziemlich alt. (Radio +)
5. Die Spielekonsole ist teuer. (VR-Brille +)
6. Das Telefon war sehr praktisch. (Handy +)
7. Inas Computer ist ziemlich gut. (Tablet +)

B Ergänzen Sie.

Aber der Laptpp kostet noch _mehr_ .

Aber sie liest noch _____ Bücher.

Aber sein Computer ist noch _____ .

Aber das Radio ist noch viel _____ .

Aber die VR-Brille ist _____ .

Aber Handys sind viel _____ .

Aber ihr Tablet ist _____ .

älter | besser | größer | lieber | mehr | praktischer | teurer

5 a Was ist richtig: *als* oder *wie*? Kreuzen Sie an.

1. Über Internet bekommt man Informationen viel schneller ☐ als ☐ wie in Zeitungen.
2. Im Kaufhaus einkaufen ist nicht so bequem ☐ als ☐ wie online einkaufen.
3. Eva sieht seltener Filme im Kino ☐ als ☐ wie zu Hause.
4. Philipp spielt lieber mit dem Computer ☐ als ☐ wie mit seiner Spielekonsole.
5. Telefonieren kostet mehr ☐ als ☐ wie chatten.
6. Vera liest E-Books nicht so gern ☐ als ☐ wie Bücher aus Papier.

b Vergleich mit *als* oder *wie*? Schreiben Sie Sätze.

1. Das Telefon ist ca. 100 Jahre alt, das Fernsehen 60 Jahre.

   Das Telefon ist älter als das Fernsehen.

2. Das Smartphone kostet ca. 400 €, das Tablet auch.

   Das Tablet kostet _____

3. Das Tablet kostet ca. 400 €, der Laptop ca. 700 €.

   Der Laptop _____

4. Bücher brauchen viel Platz, ein E-Book wenig.

   Ein E-Book _____

5. Alex schreibt wenig E-Mails, aber viele Nachrichten.

   Alex schreibt nicht so _____

c Was denken Sie: Was ist besser? Schreiben Sie.

1. schön finden: Winter / Sommer
   Ich finde den _____ _schöner als den_ _____

2. viel lesen: Bücher / Blogs
   _____

3. gern essen: Brot / Kuchen
   _____

4. wichtig finden: ? / ?
   _____

6 a Superlative suchen. Ergänzen Sie die Fragen.

alt | groß | gut | hoch | klein | viel

1. Welcher Turm ist _____ ?

2. Welches Haus ist _____ ?

3. Welcher Hund ist _____ ?

4. Welche Bilder sind _____ ?

5. Welche Uhr kostet _____ ?

6. Welches Restaurant ist _____ ?

b Vergleiche. Ergänzen Sie die Sätze.

Ines arbeitet 8 Stunden lang.

| Elias – 8 Stunden |
| Eva – 10 Stunden |
| Mike – 5 Stunden |

1. Elias arbeitet *genauso lang wie* Ines.

2. Ines und Elias arbeiten _____ Mike.

3. Eva arbeitet _____ .

Ines ist 22 Jahre alt.

| Eva – 29 Jahre |
| Elias – 33 Jahre |
| Mike – 22 Jahre |

4. Eva ist _____ Ines.

5. Ines ist _____ Mike.

6. Elias ist _____ .

7 Schreiben Sie Fragen mit *welch-*. Verwenden Sie Superlative. Achten Sie auf die richtige Form von *welch-*.

1. Film / gut gefallen / Ihnen / ?   *Welcher Film gefällt* _____

2. Musik / Sie / gern / hören / ?   _____

3. Bild / Sie / finden / schön / ?   _____

4. Sport / Sie / blöd / finden / ?   _____

8 Vier Leute, vier Meinungen. Was passt zusammen? Ordnen Sie zu.

1. „Manche Freunde schreiben immer und schicken Fotos. Das nervt!" ___

2. „Ich will immer Kontakt mit Freunden haben." ___

3. „Man kann Freunde und Bekannte einfach informieren! Aber manchmal schicken Leute peinliche Bilder." ___

4. „Viele Leute posten Fotos von ihren Kindern! Schrecklich." ___

A Konstatin Bührer mag es, dass er alles sofort mit seinen Freunden teilen kann.

B Ferdinand Weisensee sagt, dass die Eltern vorsichtiger sein sollen.

C Carla Riemer findet es blöd, dass manche Freunde jede Aktivität mitteilen.

D Nadica Horvat erzählt, dass ein Kollege Fotos von einer Party gepostet hat.

9 a Ergänzen Sie die *dass*-Sätze mit den passenden Pronomen. Wohin wandert das Verb? Zeichnen Sie Pfeile.

1. *Ich kann zu Hause für meine Firma arbeiten.*

   Frau Weber sagt, dass _sie_ zu Hause für _ihre_ Firma arbeiten kann.

2. *Ich achte im Internet gut auf meine Daten.*

   Herr Weber sagt, dass _____ im Internet gut auf _____ Daten achtet.

3. *Ich telefoniere mit meiner Freundin über Internet.*

   Julia sagt, dass _____ mit _____ Freundin über Internet telefoniert.

4. *Ich muss immer meine E-Mails checken.*

   Simon sagt, dass _____ immer _____ E-Mails checken muss.

b Welche Meinung haben die Personen zum Internet? Schreiben Sie *dass*-Sätze.

Ich kann überall Kontakt zu meinen Freunden haben.
Lena

Ich brauche das Internet für meine Arbeit.
Laura

Man kann immer schnell Informationen finden.
Cem

Ich kann Bücher und Musik herunterladen.
Marco

Vieles ist einfach unwichtig und total uninteressant.
Bastian

Ich verbringe nicht viel Zeit im Internet.
David

Ich passe mit privaten Informationen sehr gut auf.
Julia

1. Lena findet gut, dass _sie überall Kontakt zu ihren Freunden haben kann._

2. Laura sagt, dass _____

3. Cem findet wichtig, dass _____

4. Marco ist froh, dass _____

5. Bastian denkt, dass _____

6. David glaubt, dass _____

7. Julia meint, dass _____

10 Und Ihre Meinung zu Handys, E-Books, Internet? Schreiben Sie.

Ich finde es gut, dass _____ .

Ich bin froh, dass _____ .

Es ist schlecht, dass _____ .

Ich denke, dass _____ .

11 *b* oder *w*? Ergänzen Sie. Lesen Sie dann laut.

1. __W__irklich? Ist das __ahr?

2. Komm __ald! Ich __arte.

3. __ie heißt das __uch?

4. __er __raucht noch __as?

5. __o ist __itte das __ad?

6. __ann fährt der __us?

7. Geht es __ieder __esser?

8. __ann ist die __ank offen?

9. Man muss __ar __ezahlen.

12 Über Filme reden. Welche Ausdrücke finden Sie? Markieren und schreiben Sie.

ASDFJK**ISTWIRKLICHLUSTIG**QWORISTNICHTSPANNENDZUPOLSPIELTINBERLINH
IWINISTAKTUELLSCHLVOHATMIRAMWENIGSTENGEFALLENFASDEMACHTECHT
SPASSZOHERERZÄHLTDIEGEGESCHICHTEVONMRLSON

Der Film *ist wirklich lustig,* _____

_____

13 Meinungen zu Filmen. Was sagen die Leute? Ergänzen Sie.

Den Film habe ich bestimmt (1) sch__ __ fünf Mal (2) ges__ __ __ und finde ihn (3) i__ __ __ __ noch

super, einfach (4) kl__ __ __ __! Manche sagen, dass die (5) Schau__ __ __ __ __ __ nicht so

(6) t__ __ __ sind, aber mir (7) gef__ __ __ __ alles: die Schauspieler, die (8) Bi__ __ __ __, die Musik.

Ich hab' den (9) F__ __ __ mit meinem Freund im (10) K__ __ __ gesehen. Er war

(11) la__ __ __ __ __ __ __. Ein, zwei Szenen waren ganz (12) lu__ __ __ __, aber das ist

zu (13) w__ __ __ __.

Wortbildung – feminine Nomen mit *-in*

a Was sind die Personen? Ordnen Sie die Wörter zu. Wie heißt das Lösungswort?

Entertainerin | Fotografin | ~~Läuferin~~ | Regisseurin | Sängerin | Schauspielerin

1. Die … Allyson Felix hat den 100m-Lauf gewonnen. L Ä U F E R I N

2. Die Songs von der … Billie Eilish sind sehr bekannt. _ _ _ _ _ _ _

3. Sophia Coppola war … im Film „Star Wars". _ _ _ _ _ _ _ _ _ _ _

4. Jetzt macht sie selbst Filme als … _ _ _ _ _ _ _ _ _ _

5. Anke Engelke ist eine … aus Deutschland. _ _ _ _ _ _ _ _ _ _ _

6. Annie Leibovitz ist …, ihre Fotos sind berühmt. _ _ _ _ _ _ _ _ _

b Wer macht das? Ergänzen Sie die Nomen.

1. Eine Frau tanzt. Sie ist eine *Tänzerin* _____.

2. Sie schaut gerne zu: die _____.

3. Eine Frau fährt. Sie ist eine _____.

4. Sie bäckt Brot und Kuchen: die _____.

> **W**
> Bezeichnungen für Personen mit
> der Endung *-in* sind feminin.
> *der Lehrer* – *die Lehrerin*
> *der Regisseur* – **die** *Regisseurin*
> Kurze Wörter haben oft einen
> Umlaut: *die Köchin, die Ärztin*

Große und kleine Gefühle

1 a Warum feiern die Personen? Ergänzen Sie die passenden Wörter.

der erste Platz | ~~der Führerschein~~ | der erste Schultag | die Geburt von einem Kind | die Hochzeit | neu in der Firma

1. Anke hat eine Prüfung gemacht. Jetzt darf sie selbst mit dem Auto fahren, denn sie hat …   *den Führerschein*
2. Verwandte oder Freunde hängen Babykleidung und einen Storch an das Haus. Sie freuen sich über …
3. Frau Schwob hat eine neue Stelle. Sie feiert mit den Kolleginnen und Kollegen, denn sie ist …
4. Zwei Erwachsene wollen das Leben gemeinsam verbringen, sie sagen „ja" und tragen einen Ring. Heute ist …
5. Thomas liebt Sport, er läuft jeden Tag. Heute war er bei einem Lauf am schnellsten. Er freut sich, es ist …
6. Die Zeit im Kindergarten ist vorbei. Luca geht jetzt in die Grundschule. Er bekommt eine Schultüte. Für ihn ist es …

b Herzlich willkommen! Ergänzen Sie die Lücken.

○ Schau mal, was (1) i__ __ das?

● Die haben ein (2) B__ __ __ bekommen. Freunde (3) sch__ __ __ __ __ __ dann das Haus von den (4) El__ __ __ __ mit einem Storch.

○ Das finde ich toll. Die (5) Babyk__ __ __ __ __ __ ist ja so süß! Alles ist so (6) kl__ __ __! Bei uns gibt es das nicht, da (7) gra__ __ __ __ __ __ man nur und bringt ein kleines (8) Ge__ __ __ __ __.

○ Was hast du am Wochenende (9) ge__ __ __ __ __?

● Ines und Marc (10) h__ __ __ __ geheiratet. Ich war in Köln.

○ Ach ja! Und wie war die (11) Ho__ __ __ __ __ __?

● Es war ein schönes (12) F__ __ __. Die beiden waren total (13) gl__ __ __ __ __ __, sie sind ein tolles (14) P__ __ __.

2 Was feiert man bei Ihnen besonders? Notieren Sie.

Was feiert man? _____
Wer lädt ein? _____
Wo feiert man? _____
Was macht man? _____
Wichtig ist: _____

3 a Was ist mit den Leuten, wenn . . .? Schreiben Sie die Sätze fertig.

1. Wenn Ben zum Zahnarzt geht,   _dann hat_ _____ .
   dann / er / Angst / ein bisschen / haben

2. Wenn Veronika mit Freunden feiert,   _____ .
   sie / haben / viel Spaß / und / lachen

3. Wenn Lea eine Prüfung bestanden hat,   _____ .
   sie / glücklich sein / und / feiern

4. Wenn Pia einen Horrorfilm ansieht,   _____ .
   sie / danach / schlecht / schlafen

5. Wenn Mirko lang warten muss,   _____ .
   dann / sehr / er / sein / genervt

b Was passt zum Satzanfang? Ordnen Sie zu und schreiben Sie wenn-Sätze.

das Wetter morgen schön sein | eine Prüfung schreiben müssen | Geburtstag haben |
Kopfschmerzen haben | Urlaub haben | ~~zum ersten Mal in die Schule gehen~~

1. Kinder sind meistens aufgeregt, _wenn sie zum ersten Mal in die Schule gehen._

2. Studenten sind oft nervös, _____

3. Kinder bekommen meistens ein Geschenk, _____

4. Mein Freund hat schlechte Laune, _____

5. Viele Familien fahren von zu Hause weg, _____

6. Wir machen einen Ausflug ans Meer, _____

4 a Was schreibt Caroline? Schreiben Sie Sätze.

LIEBERPHILIPPLIEBELE
NAHERZLICHENGLÜCK
WUNSCHZURGEBURTV
ONEUREMSOHNJAKOBI
CHWÜNSCHEEUCHFÜR
DIEZUKUNFTALLESGU
TEICHBESUCHEEUCHW
ENNICHINMÜNCHENBIN
HERZLICHEGRÜSSECAR
OLINE

Lieber Philipp, liebe _____
_____
_____
_____
_____

b Was können Sie in dieser Situation sagen? Kreuzen Sie an.

1. Freunde von Ihnen haben
   geheiratet. Sie gratulieren.
   a Herzlichen Glückwunsch zur Hochzeit.
   b Tausend Dank für das Geschenk.

2. Sie haben den Führerschein
   bekommen. Ein Freund gratuliert.
   a Ich gratuliere dir sehr herzlich.
   b Vielen Dank. Das ist sehr nett von dir.

3. Sie haben zum Geburtstag ein
   Geschenk bekommen.
   a Oh, das ist so schön. Tausend Dank.
   b Ich wünsche dir alles Gute.

4. Eine Freundin hat eine Prüfung
   bestanden.
   a Ich wünsche dir alles Gute.
   b Herzlichen Glückwunsch. Das hast du super gemacht.

5 **Die Geburtstagsparty. Wählen Sie.**

A Ergänzen Sie die Lücken.
Die Wörter unten helfen.

B Ergänzen Sie die Lücken.

○ Sag mal, Tim, du hast doch bald Geburtstag. Willst du eine Party (1) _machen_ oder nicht?

● Hm, ich weiß nicht, ich habe mich noch nicht (2) _____. Vielleicht.

○ Kannst du dich nicht an letztes Jahr (3) _____? Das war doch cool.

● Du hast ja recht, Alia. Aber zu Hause kann ich nicht (4) _____. Mein Nachbar mag das nicht!

Das gibt nur Ärger, wenn wir (5) _____ haben und tanzen.

○ Du kannst doch in einer Bar feiern. Wie viele Leute möchtest du (6) _____?

● Ach, so 30 Personen. Aber dann muss ich so viel (7) _____.

○ Ich helfe dir. Wir können uns am Abend (8) _____ und die Party planen.

● Das ist eine gute (9) _____. So machen wir das.

einladen | entschieden | erinnern | feiern | Idee | machen | planen | Spaß | treffen

6 **Welches Reflexivpronomen passt? Wählen Sie.**

1. Ich kann ☐ mich ☐ sich nicht entscheiden.

2. Kein Problem! Du musst ☐ sich ☐ dich nicht entschuldigen.

3. Ben will ☐ sich ☐ euch mit seinen Freunden treffen.

4. Eva erinnert ☐ uns ☐ sich nicht gern an die Schule.

5. Wir haben ☐ uns ☐ sich sehr auf den Urlaub gefreut.

6. Was ist los? Warum habt ihr ☐ sich ☐ euch geärgert?

7. Die Gäste haben ☐ sich ☐ euch gut unterhalten.

8. Was nehmen Sie? Haben Sie ☐ sich ☐ euch entschieden.

7 a **Im Gespräch. Ergänzen Sie die Antworten.**

sich ausruhen | sich bedanken | sich langweilen | sich streiten | sich unterhalten |

1. Der Film war nicht spannend, ich habe _mich_ total _gelangweilt_.

2. Dieses Wochenende habe ich nicht viel gemacht. Ich musste _____ _____.

3. Gestern habe ich Aylin gesehen. Wir haben _____ lange _____.

4. Ich möchte _____ für die Einladung zur Party _____.

5. Das ist ja blöd, dass _____ die beiden Kollegen immer _____.

b **Wie sagt man das in Ihrer Sprache?**

Ich möchte mich bedanken. _____

Er hat sich gelangweilt. _____

Wir haben uns gestritten. _____

→•← **8** **Was kann man da sagen? Wählen Sie.**

A Ergänzen Sie die Lücken. Die Wörter unten helfen. **B Ergänzen Sie die Lücken.**

1. ○ Ich habe die Prüfung geschafft! ● Das ist ja _toll_____, da _____ ich mich riesig.

2. ○ Ich war auf einem Festival, drei Tage Regen! ● Ach _____! So ein _____!

3. ○ Meine Freundin ist im Krankenhaus. ● Das tut mir wirklich _____!

4. ○ Ich habe eine Reise nach Berlin gewonnen. ● Na, da hast du aber _____ gehabt!

5. ○ Bist du zu Hause? Dann besuche ich dich. ● Was? Das _____ doch nicht!

6. ○ Entschuldige bitte, das habe ich ganz vergessen! ● Das _____ doch nichts!

freue | gibt's | Glück | leid | macht | Pech | schade | toll

9 **Was passt nicht zu dieser Emotion? Streichen Sie. Sprechen Sie dann die passenden Sätze laut.**

1. **gestresst**

Das ist zu viel!

~~Das hat noch Zeit.~~

Ich schaff's nicht.

2. **fröhlich**

Ach, wie schön!

Das freut mich sehr!

Mann, tut das weh!

3. **traurig**

So ein Glück!

Das tut mir leid.

Ach, das ist so schade.

4. **ärgerlich**

Das gibt's doch nicht.

Ich freue mich sehr!

Oh, ist das peinlich!

10 **Ein Stadtfest. Welche Wörter und Ausdrücke passen? Es kann mehrere Möglichkeiten geben. Kreuzen Sie an.**

1. Das Fest ist ☒ bekannt. b genervt. c berühmt.

2. Man kann dort a Getränke anbieten. b Spezialitäten essen. c Hunger haben.

3. Es gibt dort a viele Konzerte. b ein Feuerwerk. c eine Hochzeit.

4. Das Fest macht a viele Probleme. b viel Spaß. c gute Laune.

5. Viele Menschen a besuchen das Fest. b arbeiten dort. c ärgern sich.

11 a **Die Erfahrungen von Chandan. Ergänzen Sie die Verbindungswörter.**

aber | _dass_ | dass | dass | und | weil | wenn | wenn | wenn

Chandan war bei seiner Ankunft in Deutschland überrascht, (1) _dass_____ die Anmeldung

an der Uni und im Wohnheim so einfach war. Die Mitarbeiter waren freundlich (2) _____

nirgends musste er lange warten. Er hat oft gehört, (3) _____ die Deutschen so genau und

ordentlich sind. Im Verkehr und auf den Straßen ist es meistens auch so: (4) _____ der

Bus um 9:12 Uhr abfahren soll, dann fährt er fast immer um 9:12 Uhr ab. Chandan findet,

(5) _____ diese Pünktlichkeit das Leben weniger stressig macht. (6) _____ jetzt

fehlt ihm ein Grund für eine Entschuldigung, (7) _____ er zu spät kommt. Chandan hat im

Wohnheim schnell neue Freunde gefunden, (8) _____ die anderen Studenten nett sind. Sie

finden es auch nicht schlimm, (9) _____ er etwas nicht versteht.

b Julia erinnert sich. Wo passen diese Wörter? Notieren Sie.

ER · ER · FREUND · FAH · INNE · RUN · GEN · GEN · MAT · HEI · KIND · PRO · RUN · BLE · SCHAFT · ME · HEIT

1. Die ersten 14 Jahre hat Julia Berger in Kanada gelebt. „Meine … war sehr glücklich", sagt sie.
   _ _ _ _ _ _ _ _ _

2. Dann ist sie nach Österreich gekommen und hat sich schnell wohlgefühlt in ihrer neuen …
   _ _ _ _ _ _

3. Julia Berger ist Ärztin. Da lernt sie die … von anderen Menschen kennen.
   _ _ _ _ _ _ _ _ _

4. „In meinem Beruf mache ich viele …", sagt sie. „Manche sind gut und andere weniger gut."
   _ _ _ _ _ _ _ _ _ _ _

5. Sie hat immer noch viele gute … an ihre Zeit in Kanada.
   _ _ _ _ _ _ _ _ _ _ _

6. Sie hat auch noch Kontakt zu Lillian. Die … mit ihr ist sehr alt, sie kennen sich seit dem Kindergarten.
   _ _ _ _ _ _ _ _ _ _ _

12 Streichen Sie in jedem Satz das falsche Verb. Notieren Sie es dann zum richtigen Satz.

1. Ich bin in Tunesien geboren und ~~denke~~ jetzt in Basel. _studiere_

2. Ich vermisse mich, dass mein Deutsch jetzt viel besser ist. _____

3. An der Uni koche ich jetzt auch alles, nein, fast alles. _____

4. Manchmal freue ich meine Familie und meine Stadt Gafsa. _____

5. Ich studiere besonders an Gafsa, wenn es hier kalt ist und regnet. _____

6. Dann verstehe ich wie zu Hause und höre meine Musik. _____

Wortbildung – Verneinung mit *un-*

a Welches Wort bedeutet das Gegenteil? Ordnen Sie zu.

hässlich | jung | schnell | ~~schwer~~ | ungeduldig | ungefährlich | unmöglich | unpraktisch | voll

1. leicht _schwer_
2. praktisch _____
3. langsam _____
4. leer _____
5. möglich _____
6. gefährlich _____
7. alt _____
8. geduldig _____
9. schön _____

b Schreiben Sie Adjektive mit *un-*.

1. Die alten Handys waren (nicht praktisch) _____.

2. Die Züge sind oft (nicht pünktlich) _____.

3. Der Verkäufer war (nicht freundlich) _____.

4. Das Buch ist nicht gut, ich finde es (nicht interessant) _____.

5. Ich hatte den Termin vergessen, das war mir sehr (nicht angenehm) _____.

6. Viele wichtige Verben im Deutschen sind (nicht regelmäßig) _____.

> **W**
> **Verneinung mit *un-***
> Mit *un-* kann man viele Adjektive und auch einige Nomen verneinen:
> *gesund – **un**gesund*
> *das Glück – das **Un**glück*

Leben in der Stadt

1 a Was gibt es in einer Stadt? Markieren Sie 15 Wörter.

W	M	U	S	E	U	M	G	F	R	U	K	P	T	L	M	P
S	T	R	A	ß	E	N	R	E	I	N	I	G	U	N	G	O
R	M	Ü	L	L	A	B	F	U	H	R	N	V	C	R	I	L
A	I	S	T	H	E	A	T	E	R	F	O	J	K	Ö	T	I
T	B	E	H	Ö	R	D	E	R	B	A	H	N	H	O	F	Z
H	N	O	T	A	R	Z	T	W	Q	W	S	U	L	E	T	E
A	M	T	Y	U	N	I	V	E	R	S	I	T	Ä	T	M	I
U	K	R	A	N	K	E	N	H	A	U	S	J	K	L	Ö	V
S	B	V	E	R	K	E	H	R	S	M	I	T	T	E	L	B

b Was passt? Ergänzen Sie das passende Wort aus 1a mit Artikel.

> **!**
> Lernen Sie Nomen immer zusammen mit dem Artikel.

1. Sie räumt auf und macht Straßen und Plätze sauber. *die Straßenreinigung*

2. Sie leert die Mülltonnen und bringt den Müll weg.

3. Sie kümmert sich um die Sicherheit in der Stadt.

4. Sie transportieren Personen durch die Stadt.

5. Wenn man Dokumente braucht, geht man da hin.

6. Dort arbeiten Pfleger/innen und Ärzte/Ärztinnen.

7. Sie kommt schnell, wenn es ein Feuer gibt, und hilft Personen.

8. Er hilft bei einem Unfall und bringt Patientinnen und Patienten schnell ins Krankenhaus.

c Was passt? Ergänzen Sie.

Viele Menschen denken, (1) d＿ ＿ ＿ mein Beruf langweilig

(2) i＿＿. Das stimmt aber (3) ni＿ ＿ ＿. Mir gefällt meine

(4) Ar＿ ＿ ＿ ＿ hier im Bürgeramt: (5) I＿ ＿ habe viel Kontakt

(6) m＿ ＿ Menschen und erlebe (7) je＿ ＿ ＿ Tag Überraschungen.

Die (8) L＿ ＿ ＿ ＿ kommen, weil sie (9) Dok＿ ＿ ＿ ＿ ＿ ＿

brauchen, und ich (10) ber＿ ＿ ＿ sie. Letzte Woche (11) h＿ ＿ ＿

ich einer Frau (12) geh＿ ＿ ＿ ＿ ＿, wir haben die

(13) For＿ ＿ ＿ ＿ ＿ für ihren Pass gemeinsam

(14) ausge＿ ＿ ＿ ＿. Sie war sehr (15) fr＿ ＿, dass sie es nicht

(16) a＿ ＿ ＿ ＿ machen musste. Heute (17) h＿ ＿ sie ihren neuen

(18) P＿ ＿ ＿ abgeholt.

d **Was muss es in einer Stadt geben? Was finden Sie wichtig? Schreiben Sie.**

Ich finde wichtig, dass es _____ gibt.

Ich finde, eine Stadt muss _____ haben.

Ich denke, dass _____ wichtig ist.

Ich möchte, dass es _____ gibt.

2 **Valentina in Wien. Ordnen Sie zu.**

1. Valentina ist nach Wien gekommen, ____

2. Sie hat schon einen Spaziergang im Zentrum gemacht ____

3. Sie hat in Cafés und Restaurants nach einem Job gefragt, ____

4. Valentina hatte Glück und ist froh, ____

5. Die Leute in diesem Restaurant waren sehr freundlich ____

6. Morgen muss sie zur Bank gehen, ____

A weil sie neben dem Studium arbeiten möchte.

B dass sie einen Termin für ein Vorstellungsgespräch bekommen hat.

C weil sie ein Konto eröffnen möchte.

D und hat dort den Stephansdom angesehen.

E weil sie hier studieren und arbeiten möchte.

F und Valentina hofft, dass sie den Job bekommt.

3 **Fragen beim Vorstellungsgespräch. Wählen Sie.**

A Ergänzen Sie. Die Wörter unten helfen.   **B Ergänzen Sie.**

1. Haben Sie schon in Cafés oder Restaurants _____ ?

2. Wie viel _____ haben sie mit der Arbeit als Kellnerin?

3. Können Sie auch _____ arbeiten, wenn wir viele Reservierungen haben?

4. Sie studieren ja auch. An wie viel Tagen pro Woche _____ Sie arbeiten.

5. Wie ist das mit der Kleidung? Was muss ich bei der Arbeit _____ ?

6. Wie ist es mit der Bezahlung? Wie viel _____ ich?

7. Muss ich am Wochenende immer arbeiten oder habe ich da auch mal _____ ?

arbeiten | Erfahrung | frei | können | spontan | tragen | verdienen

4 a **Valentinas Probetag. Was ist richtig? Kreuzen Sie an.**

1. Valentina zieht die ☐ weiße ☐ weißen Bluse und den ☐ schwarze ☐ schwarzen Rock an.

2. Sie packt das ☐ weiße ☐ weißen T-Shirt und noch einen Rock ein.

3. Sie nimmt die ☐ bequeme ☐ bequemen Schuhe aus dem ☐ kleine ☐ kleinen Schrank.

4. In der ☐ große ☐ großen Tasche hat sie auch die ☐ neue ☐ neuen Speisekarte.

5. Der Chef stellt Valentina den ☐ nette ☐ netten Kolleginnen und Kollegen vor.

6. Der ☐ junge ☐ jungen Koch zeigt ihr die ☐ moderne ☐ modernen Küche.

b Ein Café, zwei Meinungen. Ergänzen Sie die Adjektivendungen.

Das gefällt Sirin sehr gut:

– der (1) schwarz _e_ Boden,

– die (2) modern_____ Lampe,

– das (3) alt_____ Sofa,

– die (4) hoh_____ Stühle,

– der (5) groß_____ Tisch.

Das findet Alex schrecklich:

– den (6) schwarz _en_ Boden,

– die (7) modern_____ Lampe,

– das (8) alt _____ Sofa,

– die (9) hoh_____ Stühle,

– den (10) groß_____ Tisch.

c Was findet Sirin gut, was nicht? Ergänzen Sie die Adjektive in der richtigen Form.

Sirin mag besonders gern das (1) _____ (lecker) Essen zu Hause. Sie liebt das

Schwimmen im (2) _____ (warm) See und hört oft die (3) _____ (toll)

Lieder von Björk. Wenn das Wetter gut ist, joggt sie gern im (4) _____ (groß) Park in

ihrer Nähe. Aber Sirin findet das Aufstehen am (5) _____ (früh) Morgen überhaupt

nicht gut. Sie hasst das (6) _____ (lang) Warten auf den Bus. Mittags isst sie nicht gern

in der (7) _____ (voll) Kantine. Nach dem (8) _____ (anstrengend) Tag

im Büro ist sie müde.

d Was passt? Ergänzen Sie Artikel, Adjektiv und Nomen in der richtigen Form.

das Auto, klein | das Festival, groß | das Konzert, cool | der Campingplatz, voll |
die Band, französisch | die Tage, toll

1. Letztes Jahr bin ich mit Freunden zu _dem großen Festival_
   in Scheeßel gefahren.

2. Vier Personen, Zelt, Gepäck und Essen: _____
   war total voll.

3. Besonders _____ „M83" war echt super.

4. Und dann gab es noch _____ mit den
   „Broilers".

5. Ich habe auf _____ im Zelt geschlafen. Aber
   nicht viel!

6. Ich war nach _____ total müde. Aber das ist egal.

5 a Was ist falsch? Streichen Sie durch und korrigieren Sie.

1. Frau Nowak hat einen neuen Personalausweis ~~überwiesen~~.   _beantragt_

2. Auf dem Amt hat sie ein Formular geprüft.   _____

3. Freu Nowak hat der Beamtin ihre Dokumente beantragt.   _____

4. Die Beamtin hat ihre Angaben und das Foto gezeigt.   _____

5. Sie hat auf der Bank den Betrag für den Ausweis bekommen.   _____

6. Eine Woche später hat sie den neuen Ausweis ausgefüllt.   _____

b **Was ist passiert? Schreiben Sie einen kurzen Text.**

1. Herr Ziegler *ist zur Polizei gegangen.* _____ (zur Polizei gehen)

2. Bei der Polizei _____ (einen Diebstahl melden)

3. Die Polizistin _____ (viele Fragen stellen)

4. Sie _____ (alle Angaben aufschreiben)

5. Herr Ziegler _____ (den Bericht unterschreiben)

c **Wie arbeitet Frau Lingen heute? Ergänzen Sie *mit* oder *ohne* und die Endung.**

1. *mit* viel *en* Kunden

2. _____ ihr_____ Kollegin

3. _____ ein_____ Mittagspause

4. _____ ein_____ Computer

5. _____ ihr_____ Chef

6. _____ viel Stress

6 **Höflich um etwas bitten. Schreiben Sie Fragen mit *könnte*.**

1. die Tür / bitte / schließen / Sie   *Könnten Sie bitte* _____

2. du / heute / einkaufen   _____

3. ihr / etwas leiser / sein   _____

4. einen Kaffee / holen / du   _____

5. Frau Raich / anrufen / Sie   _____

6. mir / helfen / ihr /   _____

7 **Was ist *unhöflich* ☹, *höflich* ☺ oder *sehr höflich* ☺☺? Sprechen Sie die höflichen Sätze laut.**

1. ☹ Komm mal zu mir!

2. _____ Könntest du mich morgen anrufen?

3. _____ Drucken Sie das für mich aus.

4. _____ Kann ich einen Kaffee haben?

5. _____ Bitte gib mir ein Blatt Papier.

6. _____ Könnten Sie mir bitte Zucker geben?

7. _____ Ich brauche das Buch.

8. _____ Kannst du mir einen Stift geben?

8 **Was gehört zusammen? Verbinden Sie.**

Im Museumsquartier		die ganze Nacht lang feiern und tanzen.
Im Parlament	arbeiten	die Bilder von vielen österreichischen Malern.
Im Volksgarten, einem Park,	kann man	die Politiker die neuen Gesetze.
Im Wiener Burgtheater	sieht man	Ruhe und Entspannung finden.
Im Wiener Rathaus	machen	viele Beamtinnen und Beamte.
In der Clubdisco im Volksgarten		viele Dramen und Komödien sehen.

→•← **9 a** **Was sagt Mara über Wien? Wählen Sie.**

A Ergänzen Sie. Die Wörter unten helfen.   **B** Ergänzen Sie.

Man hört und liest, dass man in Wien besonders gut leben kann. (1) _Finden_ _____ *Sie das auch?*

Das kann ich nicht (2) _____. Ich habe schon immer in Wien (3) _____

und nie in einer anderen Großstadt. Vieles ist wirklich gut. Das Wasser ist sehr

(4) _____, ich muss nie Wasser in Flaschen (5) _____. Die Stadt ist

sauber. U-Bahn, Straßenbahnen und (6) _____ sind meistens pünktlich.

Was finden Sie (7) _____ *so gut? Was ist nicht so schön?*

Hm, im Zentrum (8) _____ es zu viele Touristen, fast 8 Millionen pro Jahr. Viele Leute

(9) _____ deshalb ihre Wohnung an Besucher und die Mieten

(10) _____ immer teurer. Und im Winter ist das (11) _____ nicht so

angenehm: Es gibt viel Wind und Nebel. Aber ich bin (12) _____ Wienerin!

Busse | ~~finden~~ | gelebt | gern | gibt | gut | kaufen | nicht | sagen | vermieten | werden | Wetter

b **Und Ihre Meinung? Suchen Sie vier Ausdrücke. Markieren und schreiben Sie.**

SCHRÖDASFINDEICHNICHTSOGUTWEILSEROICHFINDESCHÖNDASSHUH
ZEMIRGEFÄLLTNICHTSOGUTDASSNOSTEMIRISTWICHTIGDASSRERAS

Das finde ich nicht so gut, weil ... _____   _____

_____   _____

Wortbildung – Komposita (1)

a **Lesen Sie die Wörter und ergänzen Sie den Artikel. Welches Wort gibt den Artikel? Markieren Sie wie im Beispiel.**

1.   _die_ Kunst   _das_ Museum   3.   ____ Augen (Pl.)   ____ der Arzt
       das Kunstmuseum   ____ Augenarzt

2.   ____ Speise   ____ die Karte   4.   ____ Kopf   ____ Schmerzen (Pl.)
       ____ Speisekarte   ____ Kopfschmerzen

b **Wie nennt man diese Personen? Bilden Sie Komposita.**

1. Sie ist eine Kauffrau in der Bank: _____

2. Er ist der Chef von einem Hotel: _____

3. Sie arbeitet als Pflegerin für die Kranken: _____

4. Sie ist eine Designerin für Mode: _____

5. Er ist Lehrer und unterrichtet Deutsch: _____

W

Man kann aus zwei Nomen ein neues Nomen bilden.
Das zweite Nomen (Grundwort) bestimmt den Artikel: *der Zahn + der Schmerz → **der** Zahnschmerz der Zahn + die Ärztin → **die** Zahnärztin*

Arbeitswelten

1 **Nachrichten von Ella, Samuel und Freunden. Ordnen Sie die Antworten zu.**

1. Hast du am Samstag Zeit? Tina und ich machen eine Fahrradtour. ____

2. Ich gehe fürs Wochenende einkaufen. Hast du Wünsche? ____

3. Die Besprechung dauert noch, ich komme erst später. ____

4. Samuel, du musst heute Nachmittag die 5c unterrichten, Alex ist krank. ____

5. Wie lange bist du noch im Büro? Wann machst du Schluss? ____

A Wir sind noch länger hier, komm einfach nach.

B Also heute Unterricht von 8 bis 5. Hoffentlich ist er morgen wieder da.

C Ich habe noch einen Termin um 18:30 Uhr. Aber dann ist Feierabend.

D Schade. Aber ich muss eine Baustelle kontrollieren. Euch einen schönen Tag.

E Bring genug Obst mit. Und vergiss nicht die Zitronen.

2 **Die Arbeit von Samuel und Ella. Ergänzen Sie die Verben in der richtigen Form.**

arbeiten | aufstehen | gehen | beraten | einhalten | kontrollieren | ~~machen~~ | organisieren | sein

Samuel hat mit seinen Schülern einen Ausflug nach Köln (1) *gemacht* ____.

Vorher musste er viele Dinge (2) _____. Er (3) _____

gern Lehrer. Er findet aber, dass Schüler und Lehrer viel zu früh (4) _____

müssen. Wenn seine Schüler Probleme haben, dann (5) _____ er sie gern.

Ellas Beruf ist oft stressig. Als Architektin zeichnet sie Pläne, sie muss aber

auch Baustellen (6) _____. „Es ist wichtig, dass wir unsere Termine

(7) _____", sagt sie. Deshalb muss sie manchmal auch am

Wochenende (8) _____. Sie muss auch oft zu Behörden

(9) _____ und Probleme lösen.

3 **Am Bahnhof. Was ist richtig? Kreuzen Sie an.**

1. Achtung. ⓐ Eine wichtige Durchsage: ⓑ Ein wichtiges Schild: Herr Berger, bitte …

2. Warte hier, ich muss noch ⓐ am Schalter ⓑ am Fahrplan eine Fahrkarte kaufen.

3. Wann fährt der Zug? – Schau da, der Fahrplan. ⓐ Ankunft ⓑ Abfahrt um 17:31 Uhr.

4. Wo kommt der Zug an? – Moment mal, auf ⓐ Bahnsteig 7 ⓑ Ausgang 7.

5. Der ICE 439 aus Hamburg kommt auf ⓐ Bahnhof 13 ⓑ Gleis 13 an.

6. Du hast doch reserviert. ⓐ In welchem Wagen ⓑ In welchem Zug ist der Platz?

7. Da links ist die Information. Siehst du ⓐ die Bahn? ⓑ das Schild?

4 a **Ein Gespräch am Schalter. Ordnen Sie die Sätze zu.**

1. Guten Morgen. Bitte sehr? _B_

2. Gerne. Wann möchten Sie fahren? ___

3. Ja, Moment bitte. Abfahrt 9:28 Uhr. Einfach oder hin und zurück? ___

4. Sie müssen in Mannheim umsteigen und kommen dann um 11:33 Uhr in Wiesbaden an. Und wann möchten Sie zurückfahren? ___

5. Um 9:02 Uhr ab Wiesbaden. Umsteigen in Frankfurt. Ankunft in Stuttgart ist 11:08 Uhr. ___

6. Möchten Sie einen Platz reservieren? ___

7. Wo möchten Sie sitzen, Gang oder Fenster? ___

8. Das macht dann 102 Euro. ___

9. Und Ihr Ticket. Vielen Dank und eine gute Reise. ___

A Danke. Wiedersehen.

B Guten Morgen, zwei Fahrkarten nach Wiesbaden, bitte.

C Ja, das passt sehr gut.

D Hin und zurück, bitte. Fährt der Zug direkt oder müssen wir umsteigen?

E Ja, bitte. Morgens sind die Züge immer sehr voll.

F Jetzt, um halb zehn. Da fährt doch ein Zug, oder?

G Bitte zwei Plätze nebeneinander.

H Morgen Vormittag, am besten so um 9:00 Uhr.

I Hier, bitte schön.

→•← **b** **Wichtige Fragen, wenn man auf Reisen ist. Wählen Sie.**

A **Ergänzen Sie die Verben in der richtigen Form. Die Wörter unten helfen.**

1. Wann _fährt_____ der nächste Zug nach Bremen?

2. Was _____ eine Fahrkarte nach Bremen?

3. Wann _____ ich in Bremen _____?

4. Fährt der Zug direkt oder muss ich _____?

B **Ergänzen Sie die Verben in der richtigen Form.**

5. Kann ich einen Platz _____?

6. _____ es noch Plätze am Fenster?

7. Kann ich am Fenster _____?

8. Wie lange _____ die Fahrt nach Bremen?

ankommen | dauern | fahren | geben | kosten | reservieren | sitzen | umsteigen

c **Gespräche auf Reisen. Schreiben Sie Sätze.**

1. _Ich muss um 14 Uhr in Münster sein._____
   um 14 Uhr / in Münster / ich / müssen / sein / .

2. _____
   ich / heute / hinfahren / und / am Sonntag / zurück / .

3. _____
   einen Platz am Gang / reservieren / ich / möchten / .

4. _____
   ich / direkt / fahren / möchten / , / weil / viel Gepäck / ich / haben / .

5. _____
   leider / der Zug / Verspätung haben / und / ich / zu spät / ankommen / .

5 a Ein Wochenende in Leipzig. Welches Adjektiv ist richtig? Kreuzen Sie an.

1. Wir haben ein ☐ lange ☐ langes Wochenende in Leipzig verbracht.
2. In Leipzig gibt es einen sehr ☐ schöne ☐ schönen Bahnhof.
3. Wir haben zwei ☐ tolle ☐ tollen Konzerte im „Gewandhaus" und in der Oper besucht.
4. Wir haben eine ☐ alte ☐ alten Kirche angesehen, die Thomaskirche.
5. Am besten war das Abendessen in einem ☐ historische ☐ historischen Restaurant.
6. In Leipzig gibt es wirklich ☐ viele ☐ vielen Sehenswürdigkeiten.
7. Ich habe nicht gewusst, dass Leipzig so eine ☐ interessante ☐ interessanten Stadt ist.

b Neu in der Stadt. Welche Endung hat das Adjektiv? Ergänzen Sie.

1. Ich suche ein gut_____ Theater.
2. Wo ist eine interessant_____ Ausstellung?
3. Kannst du mir eine gut_____ Kneipe empfehlen?
4. Kann man hier ein modern_____ Museum besuchen?
5. Kennst du einen schön_____ Biergarten?
6. Gibt es hier einen alt_____ Park?
7. Können Sie mir den Weg auf meinem klein_____ Stadtplan zeigen?
8. In welchem Viertel liegt deine neu_____ Wohnung?

6 Was gibt es an Ihrem Kursort, was nicht? Schreiben Sie Sätze mit *ein*, *eine*, – oder *kein*, *keine* und einem Adjektiv.

Hier gibt es _____.

Wir haben hier auch _____.

Ich finde gut, dass es _____ gibt.

Leider gibt es hier _____.

Ich finde schade, dass _____.

7 Den Beruf wechseln. Ergänzen Sie die Adjektive in der richtigen Form. Achten Sie auf das Artikelwort.

Frau Neseli ist Bankkauffrau. „Eigentlich habe ich einen (1) *guten* (gut) Beruf", sagt sie.

Ezra Neseli arbeitet immer nur den (2) _____ (halb) Tag, denn sie hat einen

(3) _____ (klein) Sohn. Bei ihrer (4) _____ (täglich) Arbeit in einer

(5) _____ (groß) Bank spricht sie mit den Kunden. „Vor allem (6) _____ (alt)

Personen kommen in die Bank. Ihnen muss ich oft die (7) _____ (neu) Dinge erklären." Das

macht sie gern. Aber sie muss auch (8) _____ (langweilig) Sachen machen und das ist ihr

(9) _____ (groß) Problem. Deshalb möchte sie ihren Beruf wechseln, wenn sie wieder den

(10) _____ (ganz) Tag arbeitet: „Ich habe schon eine (11) _____ (toll) Idee!"

8 **Präsens oder Präteritum? Ergänzen Sie die passende Form von *werden*.**

1. Frau Prokopic hat eine Lehre gemacht und _wurde_____ Friseurin.

2. Zuerst war Herr Studer Arzt, aber dann _____ er Fernfahrer.

3. Peter geht noch in die Schule. In zwei Monaten _____ er sechzehn und

   macht den Realschulabschluss. Nach der Schule will er Grafiker _____.

4. Frau Wunse war Tischlerin, aber dann _____ sie krank und konnte nicht

   mehr als Tischlerin arbeiten. Jetzt studiert sie und _____ Architektin.

5. Hast du Angst, dass du arbeitslos _____?

9 **Patrick auf dem Weg zu seinem Traumberuf. Zeichnen Sie eine Linie. Beginnen Sie mit** [   ] **.**

sehr interessant.	Aber	er will sich	und geht zurück	nach Berlin.	Vier Jahre lang
findet Patrick	Diese Arbeit	für die Tätigkeit	besser qualifizieren	Informatik.	studiert er
lernt er	auch programmieren.	eine Lehre und	macht Patrick	Neben dem Studium	kann er
Hier	in einer Computerfirma.	wird Grafiker.	Nach der Schule	erfolgreich.	gute Jobs finden
findet er	eine Arbeitsstelle	Nach drei Jahren	will er	und ist	und Geld verdienen.
Dort	nach Schweden.	und geht	im Ausland arbeiten	eine eigene Firma	Patrick gründet

10 **_m_ oder _n_? Ergänzen Sie.**

1. Wie gefällt es Ihne_n_ i__ der neue__ Fir__a? Habe__ Sie __ette Kollege__?

2. Diese__ neue__ Hel__ habe ich vo__ einer gute__ Freundi__ bekomme__.

3. Wir gehe__ oft zusamme__ kletter__, deshalb ka__ __ ich ih__ sehr gut brauche__.

4. Wa__ __ ko__ __st du __ich besuchen? Wir habe__ u__s lange __icht gesehe__.

5. Viele__ liebe__ Dank für die tolle__ Nachrichte__. Ich habe __ich sehr gefreut.

11 **Tipps zum Telefonieren. Was ist richtig? Kreuzen Sie an.**

1. Bereiten Sie sich gut vor, dann sind sie weniger ☐ traurig ☐ nervös.
2. Passen Sie auf, dass niemand Sie beim Telefonieren ☐ ärgert ☐ stört.
3. Notieren Sie Ihre Fragen, dann ☐ verlieren ☐ vergessen Sie beim Gespräch nichts.
4. Wenn Sie etwas nicht genau ☐ verstehen ☐ versuchen, fragen Sie nach.
5. Legen Sie Papier und Stifte bereit, dann müssen Sie nicht hektisch ☐ suchen ☐ fragen.
6. Sprechen Sie klar und deutlich, bleiben Sie ☐ freundlich ☐ glücklich.

12 **Was kann man am Telefon sagen? Markieren Sie in der Wortschlange und schreiben Sie die Sätze. Achten Sie auch auf die richtigen Satzzeichen.**

FRAPOETKWERKANNICHMITFFRAUROTHSPRECHENNRECKANTHERRREISERISTN
ICHTAMPLATZUPIGLIKBUNNKANNICHETWASAUSRICHTENENLOKNMAKKANNIC
HEINENACHRICHTHINTERLASSENDENDEISKCHKÖNNTENSIEMICHMITFRAUBERG
VERBINDENWOLLSIHMÜSKANNFRAUBERGSIEZURÜCKRUFENUHER

Anrufer:	Mitarbeiter in der Firma:
Kann ich mit Frau Roth sprechen?	

13 **Was gehört zur modernen Arbeitswelt? Ordnen Sie zu.**

1. In der neuen Arbeitswelt arbeiten viele mobil, ____
2. Die Arbeit wird virtuell, die Teams werden international und tauschen im Internet ____
3. Die Computer werden immer schneller, Roboter werden immer wichtiger, ____
4. Es gibt immer weniger feste Arbeitsverträge, ____
5. Weil die Menschen immer älter werden und länger gesund bleiben, ____

A deshalb arbeiten weniger Menschen in den Fabriken.
B arbeiten sie auch länger, oft auch in Teilzeit.
C Daten aus. Man macht auch mehr Videokonferenzen.
D ein eigenes Büro in der Firma gibt es nicht mehr.
E die Betriebe machen nur befristete Verträge für Projekte.

Wortbildung – Komposita (2)

a **Was bedeutet das? Ordnen Sie zu. Ergänzen Sie den Artikel.**

1. *das* _____ Reiseziel ____
2. _____ Reisebüro ____
3. _____ Reiseführerin ____
4. _____ Reisebericht ____
5. _____ Reisetasche ____

A In diesem Büro können Sie eine Reise kaufen.
B In diese Tasche packen Sie ihre Kleidung.
C So einen Bericht schreiben manche Leute.
D Die Reise führt an dieses Ziel.
E Diese Person führt Sie durch eine fremde Stadt.

b **Was denken Sie: Wie heißt das Wort? Schreiben Sie das Wort mit Artikel. Kontrollieren Sie mit dem Wörterbuch.**

1. Dieses Ticket braucht man für den Zug:

_____

2. Der Platz, an dem man arbeitet:

_____

3. Dieser Beruf ist oder war mein Traum:

_____

4. Diese Konferenz macht man über Video:

_____

5. In dieser Zeit arbeitet man:

_____

W

Der erste Teil (das Bestimmungs-wort) gibt genauere Informatio-nen über das Grundwort:
*das **Reise**ziel*: Was für ein Ziel? – Das Ziel *von der Reise*.
Das Grundwort gibt den Artikel. Zwischen beiden Wörtern steht manchmal ein *-s-, -n-* oder *-e-* (Fugenelement):
*die Geschäft**s**reise*.

Ganz schön mobil

1 **Mit dem Auto und öffentlich unterwegs. Was passiert? Ergänzen Sie.**

Ich komm' nicht (1) w_ _ _ _ _, da vorne war ein (2) Un_ _ _ _ und ich steh' im (3) St_ _. Da hilft auch das (4) Na_ _ nichts!

Die Straßenbahn hat (5) Vers_ _ _ _ _ _, und dann ist meine S-Bahn weg. Das kann doch nicht wahr sein! Die nächste (6) f_ _ _ _ erst in einer halben (7) St_ _ _ _.

Natürlich sind alle (8) Am_ _ _ _ rot, wenn ich keine (9) Z_ _ _ habe. Und dann macht die Polizei auch noch eine (10) Kon_ _ _ _ _ _. Das gibt's doch nicht! Hoffentlich finde ich wenigstens gleich einen (11) Pa_ _ _ _ _ _ _.

Puh, ist der Bus heute (12) v_ _ _! Ich hätte so gern einen (13) Si_ _ _ _ _ _ _. Zum Glück muss ich gleich (14) um_ _ _ _ _ _ _. Hoffentlich ist dann mehr Platz.

Ist das (15) ärg_ _ _ _ _ _! Letzte Woche war ein Reifen (16) k_ _ _ _ _, heute macht der (17) M_ _ _ _ Probleme. Mein (18) Au_ _ ist mehr in der (19) We_ _ _ _ _ _ als auf der Straße.

2 **Wann können Sie das sagen? Ordnen Sie zu.**

> Entschuldige bitte, es tut mir leid. Hoffentlich bist du gleich da! Ich bin gleich da.
>
> Ich warte schon eine Viertelstunde. Ich weiß, ich bin zu spät. Aber …
>
> In fünf Minuten bin ich bei dir. Mensch, wo bleibst du denn? Wo bist du denn?

Sie warten auf einen Freund / eine Freundin. Er/Sie kommt nicht.

_____

_____

_____

Ein Freund / Eine Freundin wartet auf Sie. Sie sind zu spät und rufen ihn/sie an.

_____

_____

_____

3 a **Welches Wort passt nicht? Streichen Sie.**

1. das Flugzeug – die Baustelle – die Autobahn – der Stau
2. die Reparatur – kaputt sein – die Werkstatt – die Tankstelle
3. die Polizei – das Kennzeichen – der Abflug – die Kontrolle
4. der Flughafen – abfliegen – rückwärts fahren – landen
5. das Kfz – der Pkw – die S-Bahn – der Lkw

b Finden Sie 17 Wörter zum Thema „Auto fahren". Markieren Sie. Schreiben Sie die Nomen mit Artikel.

R	R	I	R	U	N	A	V	I	M	E	L	K	B
Ü	E	K	E	N	N	Z	E	I	C	H	E	N	A
C	I	O	P	K	W	A	R	W	I	A	B	S	U
K	F	Z	A	L	J	K	A	P	U	T	T	S	
W	E	B	R	E	M	S	E	J	M	Y	A	A	T
Ä	N	T	A	V	P	T	H	C	O	D	N	U	E
R	O	A	T	U	E	R	R	H	T	R	K	O	L
T	P	I	U	P	L	K	W	T	O	E	E	N	L
S	V	E	R	S	I	C	H	E	R	U	N	G	E

das Navi, _____
_____
_____
_____
_____
_____
_____

4 Was möchten die Leute wissen? Was ist richtig? Kreuzen Sie an.

1. Eine Frau möchte wissen,
   - [a] wann der Zug in Stuttgart ankommt.
   - [b] wann der Zug kommt in Stuttgart an.

2. Der Schaffner weiß auch nicht,
   - [a] warum der Zug hier stehen bleibt.
   - [b] warum stehen bleibt der Zug hier.

3. Ein Mann fragt den Schaffner,
   - [a] wohin er sein Gepäck kann stellen.
   - [b] wohin er sein Gepäck stellen kann.

4. Ein Kind möchte gern wissen,
   - [a] wann der Zug weiterfährt.
   - [b] wann weiterfährt der Zug.

5 Was möchten die Personen wissen? Schreiben Sie indirekte Fragesätze.

1. Darf ich Sie fragen, *welche U-Bahn* _____?
   zum Hauptplatz / welche U-Bahn / fahren

2. Könnten Sie mir sagen, _____?
   der Bus Linie 19 / abfahren / wo

3. Entschuldigung, wissen Sie, _____?
   wo / einen Parkplatz / ich / finden

4. Können Sie mir bitte sagen, _____?
   wann / ankommen / in Bonn / wir

6 a Was möchten die Personen wissen? Ergänzen Sie die Fragen in der richtigen Form.

~~Kann man in Ulm Fahrräder leihen?~~ | Gibt es im Bus WLAN? | Kann man zu Fuß gehen? |
Muss man einen Helm tragen?

1. ○ Weißt du, *ob man in Ulm Fahrräder leihen kann?* _____ ● Ja, mit dieser App.

2. ○ Wissen Sie, _____? ● Nein, muss man nicht.

3. ○ Können Sie mir sagen, _____? ● Ja, es ist nicht weit.

4. ○ Ich wollte noch fragen, _____? ● Nein, leider nicht.

b **Flexibel in der Stadt. Wie funktioniert das? Ergänzen Sie.**

Führerschein | herunterladen | ~~leihen~~ | registrieren | reservieren | sicher | Unfall | versichert

Jenny Wir machen ein langes Wochenende und wollen ein Auto (1) _leihen_. Muss man

das vorher (2) _____?

Chris Ich habe mir die App (3) _____ und nun will ich mich (4) _____.

Was ist aber mit meinen Daten? Sind die auch (5) _____?

Liz Was ist, wenn ich mit dem Auto einen (6) _____ habe? Ist man dann gut

(7) _____?

Ayleen Ich bin 15 und habe noch keinen (8) _____. Darf ich mit einem E-Scooter fahren?

7 **Was möchten Sie über D-A-CH wissen? Schreiben Sie indirekte Fragesätze.**

Warum lieben viele Deutsche ihr Auto?

Sind die Schweizer Züge pünktlich?

Wie schnell darf man in Österreich fahren?

Mich interessiert, _____

Ich weiß nicht, _____

Ich bin nicht sicher, _____

Ich möchte wissen, _____

8 **Mit dem Fahrrad ans Ziel. Wie fahren Moritz und Lara? Wählen Sie.**

A Ergänzen Sie. Die Wörter unten helfen.　　　　**B Ergänzen Sie.**

Moritz fährt (1) _bis zum_ Frankenweg, dort biegt er rechts ab,

fährt (2) _____ Krankenhaus _____ und dann links

(3) _____ die Brücke. Er fährt (4) _____ den

Stadtpark. Da ist die Mehnertstraße und die Mehnertschule.

(5) _____ der Schule, an der Tucholskystraße, ist sein Büro.

Lara nimmt zuerst den Uferweg, dann fährt sie (6) _____

die Brücke und weiter (7) _____ Soyfertstraße. Dort

fährt sie links und nimmt den Badweg (8) _____ Museum.

Der Weg geht beim Museum nach links. Die Praxis Dr. Giner ist (9) _____ Schwimmbad.

Moritz: an ... vorbei | ~~bis zu~~ | durch | hinter | über **Lara:** bis zu | bis zu | gegenüber von | über

9 Was gehört zusammen? Schreiben Sie die Wörter mit Artikel und sprechen Sie sie laut.

BORD GROß KENN BISTRO FAHRER HOF

KONZERT MONATS RAD KARTE SAAL STADT

STADT TANK BAHN STELLE ZEICHEN ZENTURM

_____ _____ _____

_____ _____ _____

_____ _____ _____

10 a Verkehrsprobleme lösen, aber wie? Wer sagt das, der Ja-Sager oder der Nein-Sager?
Notieren Sie *J* oder *N*.

Die U-Bahn ist immer so voll. ____

Wenn ich ein Auto brauche, dann leihe ich es aus. ____

In der Innenstadt gehe ich zu Fuß. ____

Ich fahre mit dem Rad. Da habe ich auch Bewegung! ____

Breite Radwege – Wer braucht das? ____

Bezahlen, wenn man in die Innenstadt fährt? Wahnsinn! ____

In der Straßenbahn kann ich lesen. ____

Seilbahnen in der Stadt? Das funktioniert nicht. ____

b Wählen Sie fünf Aussagen aus 10a und ergänzen Sie die Sätze.

1. Ich bin der Meinung, dass _____

2. Für mich ist es gut, wenn _____

3. Ich bin dagegen, dass _____

4. Ich finde es schlecht, wenn _____

5. Für mich ist es sinnvoll, wenn _____

11 Wie fahren die Personen zur Arbeit? Ergänzen Sie die Verben.

brauchen | dauern | ~~fahren~~ | nehmen | warten | pendeln | umsteigen

Anna Franze (1) *fährt* _____ immer mit dem Fahrrad. So ist sie schneller als mit dem Bus oder

der U-Bahn, weil sie nie (2) _____ muss. Sie (3) _____ nur eine halbe Stunde

für ihren Weg. Felix Pinto wohnt auf dem Land und (4) _____ jeden Tag mit dem Zug in die

Stadt. Milan Jurić (5) _____ den Bus, und dann muss er in die Straßenbahn

(6) _____. Manchmal (7) _____ die Fahrt bis zur Uni eine Stunde.

12   **Wie kann man auch sagen? Kreuzen Sie an.**

1. In Deutschland fahren 68 Prozent mit dem Pkw zur Arbeit.
   - ⓐ Über 70 Prozent benützen für den Arbeitsweg das Auto.
   - ⓑ Die meisten fahren mit dem Auto zur Arbeit.

2. Wenn der Arbeitsweg maximal 20 Minuten dauert, finden das nur 9 Prozent stressig.
   - ⓐ Nur wenige finden einen Arbeitsweg bis zu 20 Minuten stressig.
   - ⓑ Nur 9 Prozent brauchen mehr als 20 Minuten für den Weg zur Arbeit.

3. Auch wenn der Arbeitsweg länger als 40 Minuten ist, genießen das 43 Prozent.
   - ⓐ 43 Prozent finden über 40 Minuten für ihren Arbeitsweg gut.
   - ⓑ Mehr als die Hälfte finden auch einen Arbeitsweg von 40 Minuten okay.

4. 8 Prozent brauchen für ihren Arbeitsweg kein Fahrzeug. Sie gehen zu Fuß.
   - ⓐ Nur wenige Leute gehen zu Fuß zur Arbeit.
   - ⓑ Nur 8 Prozent gehen zu Fuß oder nehmen das Fahrrad.

13   **Eine Zug-Geschichte. Schreiben Sie. Beginnen Sie mit dem unterstrichenen Teil.**

1. _Wie jeden Morgen bin ich_ _____
   ich / <u>wie jeden Morgen</u> / mit dem Zug / zur Arbeit fahren

2. _____
   spät / <u>ich</u> / dran sein / und / sehr schnell / laufen

3. _____
   sofort / <u>der Zug</u> / abfahren / und / lesen / ich

4. _____
   <u>nach 20 Minuten</u> / ich / sehen / aus dem Fenster

5. _____
   nicht / <u>den Ort</u> / kennen / ich

6. _____
   viel zu spät / <u>ich</u> / in die Firma / kommen

Wortbildung – Nomen mit *-ung*

a   **Wie heißt das Nomen? Schreiben Sie.**

1. Ich habe mich heute verspätet. – die _Verspätung_ _____

2. Hast du einen Platz reserviert? – die _____

3. Ich habe das Rätsel gelöst. – die _____

4. Ich beschreibe dir den Weg. – die _____

>
> Aus vielen Verben kann man ein Nomen mit **-ung** machen:
> untersuchen → **die** Untersuch**ung**
> Diese Nomen haben den Artikel **die** und den Plural **-en**:
> **die** Untersuchung, Untersuchung**en**.

b   **Wie heißt das Nomen? Schreiben Sie und kontrollieren Sie mit dem Wörterbuch.**

1. Die Jacke habe ich im Internet bestellt. Nach zwei Tagen war die _____ da.

2. Ist das eine gute Idee? Was meinst du? Mich interessiert deine _____.

3. Meine Firma bezahlt nicht gut. Die _____ ist wirklich schlecht.

4. Kannst du dich noch erinnern? – Ja, das sind schöne _____.

Gelernt ist gelernt!

1 a   Wie lernt die Person die Sprache? Ergänzen Sie den Bericht.

allein | Aussprache | ~~beruflich~~ | Land | Lehrer | leicht | Problem | Spaß | Sprache | Sprachkurs

Vor fünf Jahren war ich (1) _beruflich_ in China. Und weil mir das

(2) _____ so gefallen hat, wollte ich die (3) _____ lernen.

Zuerst habe ich (4) _____ gelernt, also mit einem Computerprogramm.

Das war aber nichts für mich, ohne (5) _____ und andere Leute. Also

habe ich einen (6) _____ gemacht. Und dann noch einen und noch

einen. Es ist nicht (7) _____, aber das Lernen macht

(8) _____. Ich habe gedacht, dass die Schrift ein großes

(9) _____ ist. Aber für mich ist die (10) _____ noch schwerer.

Da heißt es viel Hören und Üben.

b   Ich und mein Garten. Bringen Sie die Aussagen in die richtige Reihenfolge.

____ Hier gibt es die „Gartenfreunde" und ich bin gleich Mitglied geworden.
Der Verein hat einen großen Garten. Einen Teil pflegen alle zusammen, und
alle haben auch einen Teil für sich allein.

____ Zuerst war das nicht möglich, ich habe mitten in der Stadt gewohnt. Aber
vor drei Jahren bin ich umgezogen.

____ Ich habe am Anfang gedacht, das ist alles ganz leicht, und habe einfach
Blumen und Gemüse gepflanzt.

_1_ Ich wollte schon immer einen Garten haben.

____ Im ersten Jahr ist viel kaputt gegangen. Ich habe dann viel in Büchern gelesen
und immer wieder die anderen gefragt.

____ Im zweiten Jahr war es dann schon viel besser, und jetzt sieht mein Gartenteil ziemlich gut aus.

2   Schreiben Sie Fragen für ein Interview.

1. _Wann hast du_ _____
du / wann / Schwimmen / lernen

2. _____
im letzten Jahr / was / du / lernen

3. _____
ein Musikinstrument / spielen / können / du

4. _____
du / möchten / eine neue Sprache / lernen

5. _____
finden / du / beim Deutschlernen / schwierig / was

3   **Lernprobleme. Wie kann man es anders sagen? Ordnen Sie zu.**

1. Ich möchte Prüfungen immer sehr gut machen.   ____

2. Ich lerne auch in der Nacht.   ____

3. Ich fange immer zu spät mit dem Lernen an.   ____

4. Ich verschiebe das Lernen oft auf den nächsten Tag.   ____

5. Ich kann mich nicht konzentrieren, wenn ich lerne.   ____

6. Vor einer Prüfung kann ich mich nicht entspannen.   ____

A   Ich halte meinen Zeitplan nicht ein.

B   Ich denke beim Lernen oft an andere Dinge.

C   Ich bereite mich nie rechtzeitig vor.

D   Ich will perfekt sein.

E   Ich bin sehr nervös und denke immer nur an die Prüfung.

F   Ich lerne zu viel und schlafe zu wenig.

4   **Lernprobleme lösen. Was hilft? Ergänzen Sie die Verben.**

| EIN | ENT | KON | BE | FRA | HAL | REI | BEN | GEN | NEN |
| NACH | VER | VOR | SCHIE | SPAN | TRIE | ZEN | REN | TEN | TEN |

1. den Zeitplan _____

2. das Lernen nicht immer _____

3. sich in den Pausen _____

4. sich so früh wie möglich _____

5. sich beim Lernen gut _____

6. in der Prüfung bei Problemen _____

5   **Was sollten die Personen (nicht) machen? Schreiben Sie Tipps mit *sollte*.**

1. Mario – Zeit mit Freunden einplanen   *Mario sollte Zeit mit Freunden einplanen.*

2. du – auch mal nichts tun _____

3. man – von seiner Nervosität erzählen _____

4. Sie – vor Prüfungen tief durchatmen _____

5. wir – morgen zusammen lernen _____

6. Leon – nicht so streng zu sich sein _____

6 a   **Lesen Sie den Text. Ergänzen Sie die Lücken.**

Alena wollte Gebärdensprache (1) le_ _ _ _. Also hat sie mehrere Kurse

(2) ge_ _ _ _ _. Danach hat sie sich für eine (3) Ausb_ _ _ _ _ _ als

Gebärdendolmetscherin entschieden. So ist das ihr (4) B_ _ _ _ geworden und

die Arbeit macht ihr (5) v_ _ _ Spaß. „Ich mache jeden (6) T_ _ etwas anderes",

(7) erz_ _ _ _ sie, „und das mag ich: Ich sorge für eine (8) g_ _ _ Kommunikation

zwischen Menschen, wenn sie ohne (9) Hi_ _ _ nicht miteinander sprechen können."

Manchmal (10) begl_ _ _ _ _ Alena gehörlose Menschen zum (11) A_ _ _ oder

zu einem Amt. Sie (12) h_ _ auch schon ein paar (13) M_ _ auf dem Standesamt

gedolmetscht, (14) w_ _ _ eine gehörlose Person geheiratet hat.

b Mein Beruf. Ergänzen Sie die Sätze.

1. Als Kind wollte ich _____ werden, weil _____
   _____

2. Jetzt bin ich _____, denn _____
   _____

3. Da muss man viel / nicht viel arbeiten, weil _____

7 a Im Beruf. Lösen Sie das Rätsel. Wie heißt das Lösungswort?

1. Frau Rieder arbeitet zu Hause, sie macht aus
   italienischen Texten deutsche Texte, sie ist …
   — — — — ☐ — — — — — — —
2. Sie hat Sprachen studiert und hat in ihrem
   Studium ein langes … in Italien gemacht.
   ☐ — — — — — — —
3. Frau Rieder ist keine Angestellte in einer Firma,
   sie arbeitet … Sie ist selbstständig.
   — — — — — ☐ — — — —
4. Frau Rieder kann ihre Arbeit nicht immer gut planen.
   Manchmal hat sie viele … und manchmal wenige.
   ☐ — — — — — —
5. Christof Marsch spricht sehr gut Chinesisch, aber er übersetzt
   nicht gern Texte. Er arbeitet lieber als … bei Gesprächen.
   — — — — — — — ☐ ☐ — — —
6. Manchmal muss er seine Kunden auch zu einem
   Termin beim Arzt oder zu einer … begleiten.
   — — — — — ☐ —
7. Wenn er in privaten Situationen dolmetscht, dann
   muss er … bleiben. Das musste er lernen.
   ☐ — — — — — —

Die beiden arbeiten in diesen Berufen, weil sie _____ lieben.

b Ergänzen Sie *was für ein/e* in der richtigen Form.

1. ○ _Was für_____ Konzerte besuchen Sie am liebsten? – ● Konzerte von deutschen Bands.

2. ○ Für _____ Prüfung lernst du? – ● Für eine mündliche Prüfung in Biologie.

3. ○ Du warst doch erst im Kino. _____ Film war das? – ● Ein Actionfilm. Total blöd!

4. ○ Du hast doch den Führerschein schon gemacht. _____ Tipp kannst du mir geben?

5. ○ An _____ Projekt arbeitest du? – ● An einer App für Versicherungen.

6. ○ Kannst du mir helfen? – ● _____ ein Problem hast du denn?

8 *b* oder *p*, *d* oder *t*, *g* oder *k*? Ergänzen Sie die Lücken.

1. Es war nich_t_ so klu__ von mir, dass ich am Sonnta__ Aben__ so spä__ zurückgefahren bin.

2. Dein Ratschla__ war gu__, aber ich habe nicht genu__ gelernt. Wie blö__ von mir!

3. Das war ech__ lie__ von dir, dass du mir Beschei__ gegeben hast. Bis bal__!

4. Glau__ mir, der We__ auf diesen Ber__ ist nicht schwer. Das schaffst du bestimm__.

9 a „Nachbarn für Nachbarn". Wie kann man auch sagen? Kreuzen Sie an.

1. Der Verein „Nachbarn für Nachbarn" existiert schon seit 10 Jahren.
   - ☐a Den Verein gibt es seit 10 Jahren.
   - ☐b Der Verein macht seit 10 Jahren Projekte.

2. Über 50 Freiwillige arbeiten in über 20 verschiedenen Projekten.
   - ☐a Über 50 Personen arbeiten freiberuflich.
   - ☐b Über 50 Personen arbeiten ohne Bezahlung.

3. Jede/r hat Talente und wir alle können voneinander lernen.
   - ☐a Jede Person kann etwas besonders gut.
   - ☐b Jede Person ist besonders intelligent.

4. Machen Sie bei einer Aktion mit.
   - ☐a Arbeiten Sie in einem Projekt aktiv mit.
   - ☐b Starten Sie Ihr eigenes Projekt.

5. Ein Projekt ist „Tausche Essen für Hilfe".
   - ☐a Man hilft beim Kochen und Essen.
   - ☐b Wenn man hilft, gibt es eine Essenseinladung.

b Das Repair-Café von „Nachbarn für Nachbarn". Ordnen Sie die Antworten zu.

1. Herr Stamm, was machen Sie im Verein „Nachbarn für Nachbarn"? _E_

2. Und was ist das genau, ein Repair-Café? ____

3. Ja, das stimmt. Ich kann so etwas nicht reparieren. Und dann ist z.B. eine neue Kaffeemaschine meistens billiger als die Reparatur. ____

4. Das ist ja toll! Und was kostet das dann? ____

5. Das klingt ja super! Kann man denn alles reparieren? ____

6. Das ist ja ein toller Service. Wer kann denn bei Ihnen mitmachen? ____

7. Und kann man bei Ihnen auch lernen, wie man etwas repariert? ____

A Ja, genau das ist das Problem. Aber Sie können Ihre Kaffeemaschine zu uns bringen und wir reparieren sie dann, allein oder mit Ihnen zusammen.

B Nein, leider nicht. Aber wir versuchen es.

C Auf alle Fälle. Wir erklären gern alles und freuen uns über interessierte Nachbarn.

D Im Prinzip jeder. Sie sagen uns, was Sie gut können und wir kontaktieren Sie dann, wenn wir Ihre Hilfe brauchen.

E Also, in unserem Verein gibt es viele Projekte. Ich organisiere die Treffen im Repair-Café und helfe bei Reparaturen.

F Die Reparatur selbst kostet nichts. Wenn wir Material dafür brauchen und bestellen, dann müssen Sie das natürlich zahlen.

G Das ist ein tolles Projekt. Es ist doch so: Wir haben so viele Geräte. Wenn die ein bisschen kaputt sind, dann werfen wir sie einfach weg.

10 a Wichtige Ausdrücke für eine Präsentation. Ergänzen Sie.

funktioniert | gewählt | gibt | mitmacht | sprechen | ~~vorstellen~~ | wichtig

Ich möchte Ihnen heute das Projekt Vorleser kurz (1) _vorstellen_.

Ich habe dieses Projekt (2) _____, weil ein Freund von mir bei

Vorleser (3) _____. Ich möchte über drei Punkte

(4) _____. Erstens: Wie (5) _____ das Projekt?

Zweitens, warum (6) _____ es dieses Projekt? Und drittens, was

ist (7) _____? Zum ersten Punkt: Das Projekt ist ganz einfach …

b **Eine Präsentation halten: Wo passen die Ausdrücke? Schreiben Sie.**

Vielen Dank.   Haben Sie noch Fragen?

Ich fasse kurz zusammen.   Ich gebe Ihnen ein Beispiel.

Mir gefällt besonders gut, dass …

1. Sagen Sie Ihre Meinung. _____
2. So verstehen die Zuhörer es besser. _____
3. Sie kommen jetzt zum letzten Teil. _____
4. Bedanken sie sich bei Ihren Zuhörern. _____
5. Fragen Sie, ob jemand noch etwas wissen will. _____

11 **Was macht man bei einer guten Präsentation? Markieren Sie die Ausdrücke in der Wortschlange. Schreiben Sie dann Tipps.**

ADJTEINENINTERESSANTENINHALTWÄHLENBRIKOLMABILDERVERWENDENKL
AZIBAMEKDIEZUHÖRERDIREKTANSEHENOBIKOKLARUNDDEUTLICHSPRECHEN
GMATEINEGLIEDERUNGMACHENVRATIKSICHAMSCHLUSSBEDANKENABASILT

Wählen Sie einen interessanten Inhalt! _____

_____   _____

_____   _____

Wortbildung – Adjektive mit *-los*

a **Was bedeutet das Adjektiv? Kreuzen Sie an.**

1. Jan ist arbeitslos.
   - [a] Jan hat keine Arbeit.
   - [b] Jan ist mit der Arbeit fertig.

2. Esther ist gehörlos.
   - [a] Esther hört nicht zu.
   - [b] Esther hat kein Gehör, sie kann nicht hören.

3. Bei der Prüfung war ich chancenlos.
   - [a] Die Prüfung war eine Chance für mich.
   - [b] Die Prüfung war zu schwer, ich hatte keine Chance.

> **W**
> Aus Nomen kann man mit dem Suffix *-los* Adjektive machen:
> *die Arbeit → **arbeitslos***

b **Ergänzen Sie das passende Adjektiv mit *-los*.**

1. Es ist alles gut gegangen, es gab kein Problem. Die Reise war _____ .
2. Wir hatten bei diesem Fest keine Kosten, alles war _____ .
3. Sven isst kein Fleisch, er kocht immer _____ .
4. Viola glaubt, dass sie keine Fantasie hat. Sie sagt, sie ist _____ .

Sportlich, sportlich

1 a   Mein Lieblingssport. Ergänzen Sie die Aussagen.

begeistert | entspannen | Fan | Freizeit | gefährlich | Grenzen | mache | Matte | Pferd |
Sport | Studio | Wasser

Ich bin seit zwei Jahren ein großer (1) Yoga-Fan_____. Fast jeden Tag (2) _____ ich

Yoga. Es tut so gut und ich brauche nur meine (3) _____. Einmal Mal pro Woche gehe ich

auch ins (4) _____.

Reiten ist der ideale (5) _____ für mich, denn ich bin gern in der Natur. Und ich liebe

Tiere, besonders mein (6) _____ Toli. Beim Reiten nach der Arbeit kann ich so gut

(7) _____. Es gehört einfach zu meiner (8) _____.

Meine Freundin taucht schon lange und ist (9) _____ von diesem Sport. Dann habe ich

es selbst ausprobiert. Diese andere Welt unter (10) _____ ist wunderschön. Beim Tauchen

muss man seine (11) _____ kennen, sonst kann es (12) _____ werden.

b   Mit dem Mountainbike in den Bergen. Lesen Sie den Text und die Fragen. Notieren Sie die Antworten.

„Ich bin gern in den Bergen. Skifahren im Winter und Mountainbiken im Sommer und
besonders im Herbst", erzählt Petra Nagel. „Ich war noch ein Kind, da bin ich schon mit
meiner Mutter oft wandern gegangen. Die Liebe zu den Bergen habe ich von ihr, glaube
ich."

Mountainbiken kann ganz schön anstrengend sein: Oft geht es ein paar Stunden lang
immer nur aufwärts, immer weiter nach oben. „Aber das macht mir nichts aus. Wenn
man wandert, muss man den ganzen Weg zu Fuß zurückgehen. Mit dem Mountainbike
macht der Weg nach unten aber richtig Spaß."

Wenn Frau Nagel in den Bergen unterwegs ist, dann vergisst sie, dass in der Arbeit und
zu Hause Probleme warten. „Ich genieße die Landschaft und die Farben zu jeder
Jahreszeit."

Ein gutes, leichtes Mountainbike ist nicht billig, aber sonst braucht man nicht viel:
Radkleidung und -schuhe, einen Helm, eine große Trinkflasche. Kleidung für Regen
und Kälte, etwas zum Essen und wichtiges Werkzeug ist immer in der Radtasche
von Frau Nagel. „Am schönsten in den Bergen ist die Ruhe", findet sie.

1. Wann fährt Petra Nagel am liebsten Mountainbike? _____

2. Wann hat sie die Liebe zu den Bergen entdeckt? _____

3. Warum ist es ihr egal, dass der Weg nach oben anstrengend ist? _____

_____

4. Was vergisst sie beim Mountainbiken? _____

5. Was braucht man für diesen Sport? _____

_____

6. Was mag sie am Mountainbiken in den Bergen besonders gern? _____

2 **Mein (Sport-)Gegenstand. Notieren Sie.**

Dieser Gegenstand ist typisch für mich: _____

Wann haben Sie das gekauft oder bekommen?

_____

Was machen Sie damit?

_____

Warum ist das wichtig für Sie?

_____

3 **Begeisterung, Hoffnung und Enttäuschung. Schreiben Sie die Sätze richtig.**

HASTDUDASGESEHENDASW
ARGROßARTIGERISTEINFACHDE
RBESTEOHWIEISTDASCHÖN
? ¦ ! ¦ . ¦ ! ¦ ,

_____

_____

_____

NEINBITTENICHTDA
SKANNDOCHNICHTW
AHRSEINSOEINPECH
, ¦ ! ¦ ! ¦ !

_____

_____

_____

HOFFENTLICHKAPPTESDIE
SINDDOCHNICHTSOGUTICHH
OFFEDASSWIRHEUTEGEWINNEN
. ¦ . ¦ , ¦ .

_____

_____

_____

4 **Ordnen Sie die Äußerungen A bis D den Situationen 1 bis 4 zu und ergänzen Sie die Lücken.**

1. Lea wollte heute mit Maja zum See schwimmen gehen, aber es regnet. ____
2. Das Konzert von LGooney fällt aus. Es gibt einen neuen Termin in drei Monaten. ____
3. Sie haben Ihr Handy verloren, aber Sie haben es wieder bekommen. ____
4. Sie spielen Basketball in einem Verein. Ihre Mannschaft hat ein Spiel verloren. ____

A Ach, das ist (1) sch__ __ __, ich habe (2) m__ __ __ so gefreut. Ich (3) ho__ __ __, dass ich dann (4) Z__ __ __ habe. Hoffentlich klappt es (5) d__ __ __.

B Das kann doch (6) ni__ __ __ wahr sein? Die (7) wa__ __ __ so schlecht! Wir (8) ha__ __ __ __ gute Chancen, aber (9) w__ __ haben nicht gewonnen. (10) E__ __ __ blöd.

C Ach nee, so (11) ei__ Mist! Morgen ist es (12) be__ __ __ __ __ __ schön, aber da (13) m__ __ __ ich arbeiten. Echt (14) bl__ __, dieses Wetter.

D Es war (15) wir__ __ __ __ __ eine Katastrophe. Und (16) d__ __ __ so ein Glück, (17) Wa__ __ __ __ __! Es war großartig, (18) a__ __ der Finder gekommen ist. (19) Ein__ __ __ __ mega.

5 *deshalb* oder *trotzdem*? Ergänzen Sie.

1. Frau Polgar hat sich über fünf Stunden

   konzentriert, _____ ist sie müde.

2. Katrin hatte Schmerzen im Arm,

   _____ hat sie gewonnen.

3. Das Wetter war schrecklich, _____

   ist Silvia zwei Stunden gelaufen.

4. Es liegt nur wenig Schnee,

   _____ fahren die Touristen Ski.

5. Faustino hat nicht aufgepasst,

   _____ hat er jetzt ein blaues Auge.

6 Ein Kommentar für die Fanseite von Lena. Schreiben Sie Sätze.

1. Es ist großartig, _____.

   dass / dich / live / sehen / ich / nächste Woche

2. Ich wohne in Dresden, _____.

   ich / in Köln / trotzdem / auf dein Konzert / gehen

3. Ich finde deine Lieder gut, _____.

   weil / du / die Probleme / von Menschen / verstehen

4. Du bist so berühmt, _____.

   aber / du / immer / Zeit für deine Fans / haben

7 *l* oder *r*: Was fehlt? Ergänzen Sie und lesen Sie dann laut.

1. We_chen Spo_t findest du besse_, _adfah_en ode_ Vo_ _ eyba_ _?

2. Lara spie_t ge_n Fußba_ _, sie ist schon _ange in einem Spo_tve_ein aktiv.

3. Lars k_ette_t oft in den Be_gen ode_ im Winte_ auch in de_ Spo_tha_ _ e.

8 Kommst du mit? Ergänzen Sie das Gespräch. Achten Sie auf die richtige Form.

dann | Film | Idee | lieber | machen | nächstes | sicher | ~~Vorschlag~~ | werden | Zeit

○ Du, ich habe einen (1) *Vorschlag*_____! Gehen wir doch in den Hochseilgarten. Das

  (2) _____ total viel Spaß. Geht es bei dir am Samstag?

● Nein, da habe ich leider keine (3) _____.

○ Und am Sonntag? Komm mit, das (4) _____ lustig!

● Ach, ich weiß nicht. Das können wir doch (5) _____ Wochenende machen. Wollen wir

  nicht (6) _____ ins Kino gehen?

○ So kommst du nie zum Sport! Ich habe eine (7) _____: Wir gehen zuerst in den

  Hochseilgarten und (8) _____ sehen wir uns einen (9) _____ an.

● Okay, das machen wir. Bist du (10) _____, dass ich das schaffe?

9 Welche Aussagen passen zusammen? Ordnen Sie zu.

1. Ich habe eine Idee: Wir können doch morgen Abend ins Kino gehen. ____

2. Darf ich etwas vorschlagen? Wir können Pizza essen gehen. ____

3. Was hältst du von einem gemütlichen Filmabend bei mir, heute oder morgen? ____

4. Was denkst du, sollen wir heute Abend zum Sport gehen? ____

5. Du möchtest heute ausgehen? Okay, dann schlag doch was vor. ____

6. Ich gehe morgen Vormittag schwimmen. Willst du mitkommen? ____

A Heute geht es leider nicht, aber morgen kann ich. Soll ich einen Film mitbringen?

B Nein, ich habe keine Lust. Ich bin so müde und ich war erst gestern im Fitness-Studio.

C Ich ruf' ein paar Leute an und wir machen einen schönen Abend in der Kneipe. Einverstanden?

D Ja, das ist eine gute Idee. Welche Filme gibt es denn?

E Da hab' ich leider keine Zeit. Ich muss morgen den ganzen Tag arbeiten.

F Wollen wir nicht lieber selbst kochen? Ich habe eingekauft.

10 a Markieren Sie Dativ und Akkusativ in den Sätzen mit verschiedenen Farben.

Frau Bense ist Deutschlehrerin. Sie gibt den Schülern Montag, Mittwoch und Freitag Deutschunterricht. Heute hat sie der Gruppe die neue Grammatik erklärt. Und sie hat ihren Schülern den Intensivtrainer empfohlen. Am Nachmittag schickt sie ihnen eine Mail, weil der Kurs am nächsten Freitag ausfällt.

b Im Sprachkurs. Ergänzen Sie die Sätze. Achten Sie auf die Position der Ergänzungen im Satz.

1. Heute hat die Lehrerin *ihren Schülern ein Spiel* mitgebracht.   ihren Schülern / ein Spiel

2. Sie erklärt _____.   die Regeln / ihnen

3. Sie gibt _____.   einen Würfel / jeder Gruppe

4. Eine Schülerin leiht _____.   der Lehrerin / ihre Uhr

5. Die Lehrerin schenkt _____.   einen Kuchen / den Siegern

11 Ersetzen Sie die markierten Nomen durch Pronomen. Achten Sie auf die Position.

1. Die Lehrerin hat ihren Schülern ein Spiel mitgebracht. Sie erklärt *es ihnen* .

2. Sandra zeigt ihrer Freundin eine Jacke. Sandra leiht _____.

3. Mirko empfiehlt seinem Freund ein Restaurant. Er zeigt _____ nach der Arbeit.

4. „Ich hab' dir einen Link geschickt. Ich kann _____ wirklich empfehlen."

5. „Kannst du mir einen Stift geben?" – „Klar, ich schenke _____."

6. „Können Sie dem Hund Wasser geben?" – „Ja, ich bringe _____ sofort!"

12 a Welcher Ausdruck ist richtig? Kreuzen Sie an.

1. Man kann die Orte gut mit öffentlichen Verkehrsmitteln ☐ erreichen ☐ fahren.
2. Man kann zur Höhle wandern oder die Seilbahn ☐ fliegen ☐ nehmen.
3. Für die Wanderung durch die Höhle ☐ brauchen ☐ holen Sie feste Schuhe.
4. Die Eishöhle kann man im Sommer (Mai bis Oktober) ☐ vergessen ☐ besuchen.
5. Das Grüne Band war früher ☐ die Grenze ☐ die Strecke zwischen den deutschen Staaten.

b **Welches Wort passt nicht? Streichen Sie.**

1. die Wanderung	der Berg	der Weg	die Straße
2. die Landschaft	das Gebiet	die Pause	die Natur
3. das Eis	der Sommer	die Kälte	unter null Grad
4. der Staat	die Pflanze	das Tier	die Natur

13 **Sankt Peter Ording. Wählen Sie.**

A **Ergänzen Sie die Lücken. Die Wörter unten helfen.**

B **Ergänzen Sie die Lücken.**

Sankt Peter-Ording ist ein bekannter (1) _Ort_ an der Nordsee. Wenn man den

(2) _____ hört, denkt man an Wasser, Wind und lange (3) _____.

Der Ort ist (4) _____ bei Urlaubern und Sportlern. Viele Leute

(5) _____ aber auch, weil sie sich hier von Krankheiten (6) _____

möchten und hoffen, dass sie bald wieder ganz (7) _____ sind. Circa

400.000 Personen kommen jedes (8) _____ für einen kurzen oder längeren

(9) _____ hierher.

Sankt Peter-Ording hat ziemlich genau 4.000 (10) _____. Es gibt eine

Grundschule und eine Gesamtschule, die Nordseeschule. Der Leuchtturm ist das

(11) _____ von Sankt Peter-Ording.

Aufenthalt | beliebt | Einwohner | erholen | gesund | Jahr | kommen | Namen | ~~Ort~~ | Strände | Symbol

Wortbildung – Verben + *mit-*, *weg-*, *weiter-*, *zusammen-*, *zurück-*

a **Welches Verb ist falsch? Streichen Sie.**

1. Wir fahren am Wochenende ans Meer. Möchtest du mitkommen / ankommen?

2. Nächste Woche habe ich Urlaub. Wir wollen gleich am Samstag wegfahren / zurückfahren.

3. Die Pause ist leider vorbei. Ich muss wieder anmachen / weitermachen.

4. Frau Ganser ist eine tolle Kollegin. Mit ihr kann ich gut mitarbeiten / zusammenarbeiten.

5. Ich habe noch ein Buch von dir. Wann kann ich es dir weitergeben / zurückgeben?

b **Ergänzen Sie das Verb mit *mit, weg, weiter, zusammen* oder *zurück*.**

1. Oje, das ist der falsche Weg. Ich glaube, wir müssen _____ gehen.

2. Wir wollen _____ leben und suchen eine Wohnung.

3. Ich möchte am Wochenende _____ fahren. Hast du auch Lust?

4. Ist das dein Hund? – Nein, er hat mich gesehen und ist einfach _____ gegangen.

5. Hinten im Bus ist noch Platz. Können Sie bitte _____ gehen.

W

Verben mit *mit*, *weg*, *weiter*, *zusammen* oder *zurück* sind trennbar: *Kommst* du auch *mit*? *Warum* bist du nicht *mit*ge*kommen*?

Zusammen leben

1 a **Gebäude und Wohnformen. Schreiben Sie die Wörter mit Artikel und Plural.**

ALT	BAU	FERIEN
HAUS	HOCH	APART
WA	WOH	WOHN

| ERN | GEN |
| WOH | |

BAU	BOOT	BURG
HAUS	HOF
MENT	NUNG	NUNG	HEIM

der Altbau, -ten _____   _____   _____

_____   _____   _____

_____   _____   _____

→•← **b** **Rund ums Haus. Wählen Sie.**

**A Ergänzen Sie. Die Wörter unten helfen.
Wie heißt das Lösungswort?**

B Ergänzen Sie. Wie heißt das Lösungswort?

1. Vor dem … von unserem Haus darf man keine Fahrräder abstellen.

__ __ ▓ __ __ __

2. Die Fahrräder und unser Auto stehen in der …

__ __ ▓ __ __

3. Pias Zimmer ist ganz oben im Haus, unter dem …

__ ▓ ▓

4. Ich wohne im Hochhaus und habe keine Terrasse, aber einen großen …

▓ __ __ __ __

5. Wir wohnen im Erdgeschoss und haben vor dem Haus einen kleinen …

▓ __ __ __ __

6. Früher hatte ich Angst, wenn ich allein in den … gehen musste.

__ __ __ __ __ ▓

7. Unsere Wohnung ist schön und hell, wir haben große …

__ __ ▓ __ __ __

Balkon | Dach | Eingang | Fenster | Garage | Garten | Keller

Das Lösungswort heißt _____

2 **So wohnen wir. Ergänzen Sie die Berichte.**

Katharina Hansson (1) wo__ __ __ mit Freunden zusammen. Sie (2) fi__ __ __ __

ihr Hausboot einfach (3) gem__ __ __ __ __. Die Räume sind nicht (4) ho__ __

und auch nicht besonders (5) gr__ __, aber alle haben ein eigenes (6) Zi__ __ __ __.

Die Küche und das (7) B__ __ teilen sie. „Die Atmosphäre ist (8) ei__ __ __ __

toll", erzählt sie, „auch (9) w__ __ __ es im Winter etwas (10) k__ __ __ ist.

Alois Kraxner lebt mit seiner (11) Fa__ __ __ __ __ auf einem alten

(12) Bau__ __ __ __ __ __, weit weg vom (13) Do__ __. „Viele Leute denken, dass das

(14) L__ __ __ hier langweilig ist", sagt er. (15) „A__ __ __ ich habe den ganzen Tag

(16) Ar__ __ __, da wird mir nicht (17) la__ __ __ __ __ __. Gute Nachbarn sind

(18) wi__ __ __ __, wenn man so weit (19) w__ __ vom Dorf lebt. Jeder hilft dem

anderen, wenn er (20) H__ __ __ braucht."

3 **Im Wohnhaus. Was macht Lara? Streichen Sie das falsche Wort. Korrigieren Sie.**

1. Wenn Frau Moreno Geburtstag hat, dann ~~legt~~ sie ihr.　　　　*gratuliert*

2. Wenn sie ihre Nachbarn sieht, gratuliert sie freundlich.　　　　_____

3. Wenn ihre Nachbarin nicht da ist, hilft sie die Post in die Wohnung.　　_____

4. Wenn Sie zu laut war, dann gießt sie sich bei den Nachbarn.　　_____

5. Wenn Herr Olsen in Urlaub fährt, grüßt sie seine Blumen.　　_____

6. Wenn jemand ein Problem hat, dann entschuldigt sie ihm.　　_____

4 a **Welche Reaktion passt? Wählen Sie.**

1. Ihre Nachbarin bittet Sie, dass Sie ihre Blumen gießen.
   - a Schade, das geht leider nicht. Ich bin nicht da.
   - b Das geht wirklich nicht.

2. Ihr Nachbar beschwert sich, dass Sie die Haustür nicht geschlossen haben.
   - a Das ist doch kein Problem.
   - b Das kommt nicht mehr vor.

3. Sie haben Ihren Müll vor der Türe vergessen. Ihr Nachbar sagt es Ihnen.
   - a Verzeihung, das tut mir leid.
   - b Entschuldigung, das habe ich nicht gewusst.

4. Ein Nachbar bittet Sie, dass Sie für ihn ein Paket annehmen.
   - a Schade, ich habe leider keine Zeit.
   - b Natürlich, das mache ich gern.

b **So geht das nicht! Wählen Sie Ausdrücke. Schreiben Sie zu jeder Situation drei Sätze.**

Es stört mich, wenn … – Sie können … (doch) nicht … – … geht wirklich nicht. – Das ist … – Ihr solltet dringend …

laut – die Unordnung – Eingang muss frei sein – verboten – aufräumen – abstellen

Sie können das Fahrrad _____

_____

_____

Es stört mich, wenn ihr _____

_____

_____

c **Höflich um etwas bitten. Schreiben Sie Fragen mit *könnte*.**

1. mir / Ihr Werkzeug / leihen / kurz / Sie / ?　　*Könnten Sie mir kurz* _____

2. du / die Fische / morgen / füttern / ?　　_____

3. ihr / bitte / etwas leiser / sein / ?　　_____

4. einen Kaffee / machen / du / ?　　_____

5. Frau Raich / Sie / anrufen / ?　　_____

5 a **Wo ist das? Ergänzen Sie die Präposition.**

  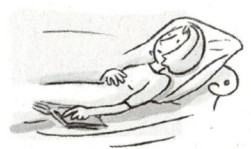  

in _____ der Flasche _____ der Wand _____ dem Sofa _____ dem Tisch _____ der Tür

_____ dem Stuhl und der Tür _____ dem Schrank _____ dem Regal _____ dem Bild

b **Chaos in der Küche. Wo ist das? Ergänzen Sie das Verb und die Präposition mit Artikel.**

1. Die Kochbücher *liegen auf dem* _____ Boden.
2. Der Stuhl _____ Herd.
3. Der Teppich _____ Tür.
4. Die Katze _____ Schrank.
5. Die Blumen _____ Tisch.
6. Der Hund _____ Stuhl.
7. Die Pfanne _____ Kühlschrank.

c **Aufgeräumt! Ergänzen Sie das Verb und die Präposition mit Artikel.**

Niklas hat den Teppich (1) *auf den* _____ Boden

(2) *gelegt* _____ . Den Stuhl hat er

(3) _____ Wand (4) _____ .

Die Kochbücher hat er (5) _____ Regal

(6) _____ . Die Pfanne hat er

(7) _____ Herd (8) _____ ,

die Blumen hat er (9) _____ Regal

(10) _____ . Der Hund hat sich

(11) _____ Tisch (12) _____

Teppich (13) _____ . Und die Katze hat

sich (14) _____ Hund (15) _____ .

6 **Mein Umzug von Hamburg nach Salzburg. Ergänzen Sie die Verben in der richtigen Form.**

abmelden | anmelden | bestellen | einziehen | ~~packen~~ | verabschieden

Zuerst habe ich in Hamburg alle Sachen (1) _gepackt_____. Dann habe ich den Umzugswagen

(2) _____. Ich habe mich auch auf dem Amt in Hamburg (3) _____. Am

letzten Abend habe ich meine Freunde eingeladen und mich (4) _____. Zwei Tage später

bin ich in der neuen Wohnung (5) _____. In Salzburg habe ich mich gleich auf dem

Meldeamt (6) _____.

7 **Erfahrung sammeln. Ergänzen Sie *wenn* oder *als*.**

1. Serkan hatte große Probleme, _____ er die Schule besucht hat.

2. Er war immer sehr nervös, _____ er eine Prüfung hatte.

3. _____ er mit der Schule fertig war, wurde er Koch in einem Hotel.

4. _____ die Gäste zufrieden waren, hatte er am meisten Spaß bei seiner Arbeit.

5. _____ er Gabriella kennengelernt hat, wollte er in Italien arbeiten.

6. Einige Jahre später, _____ sie zwei Kinder hatten, sind sie nach Berlin gezogen.

8 **Eine Stadt präsentieren. Ordnen Sie die Begriffe zu.**

die Arbeitsorte | die Architektur | die Daten / Angaben | die Gebäude | die Kulturangebote

1. die Lage   die Größe   die Einwohner   _____

2. der Architekt   planen   das Gebäude   _____

3. das Opernhaus   die Kirche   die Synagoge   _____

4. das Theater   das Konzert   das Festival   _____

5. das Geschäft   die Werkstatt   das Büro   _____

9 **Markieren Sie die Wortgrenzen |, eine Pause || und zwei <u>Satzakzente</u>. Lesen Sie laut.**

1. in|dresden|gibt|es|viele|<u>alte</u>|gebäude||aber|auchinteressanteneuearchitektur.
2. derarchitektgottfriedsemperhatdasopernhausgeplantdeshalbheißtdasgebäude"semperoper".
3. dieneuesynagogeisteinmodernesgebäudeeshat2002denpreisfürdiebestearchitekturbekommen.
4. inderkunsthofpassagegibtesvielecafésundgeschäftedieatmosphäreistkreativundbunt.

10 **Haustiere. Was denken Sie?**

Dieses Tier finde ich am schönsten: _____

Vor diesem Tier habe ich Angst: _____

Dieses Haustier wollte ich als Kind haben: _____

Das ist für mich heute das ideale Haustier: _____

11 **Haustiere in Deutschland. Schreiben Sie die Sätze.**

1. Ilhan findet es interessant, *dass manche Leute* _____
   dass / eine Ratte / manche Leute / haben

2. Nora hat überrascht, _____
   wie viel Geld / für Haustiere / ausgeben / man

3. Mehmet hat gehört, _____
   dass / sogar Schweine / als Haustier / es / geben

4. Pilar hat nicht gewusst, _____
   dass / bei Stress / helfen / Haustiere

5. Für Mira ist nicht neu, _____
   dass / mehr Frauen / Haustiere / als Männer / haben

6. Hast du gewusst, _____
   wie viele / einen Hund / Menschen / haben

12 **Eine Tiergeschichte. Was ist richtig? Kreuzen Sie an.**

1. Eine Ente wollte mit ihren Küken ☐ zum Fluss ☐ über den Fluss   gehen.

2. Auf dem Weg musste sie ☐ eine Straße ☐ einen Park   überqueren.

3. Eine Polizistin hat die Ente mit ihren Jungen ☐ getroffen ☐ gesehen.

4. Die Autos mussten stehen bleiben und ☐ der Ente ☐ den Fahrern   ist nichts passiert.

5. Ein Kollege hat Fotos gemacht und diese Fotos an eine Zeitung ☐ geholt ☐ geschickt.

6. Jetzt ist die Geschichte ziemlich ☐ gut ☐ bekannt.

Wortbildung – Nomen mit *-chen* und *-lein*

a **Ergänzen Sie das passende Wort. Was ist links anders? Markieren Sie.**

1. ○ Hast du das Hündchen von Vea gesehen?   ● Ja, aber mir gefällt ein großer *Hund* _____ besser.

2. ○ Schau mal, so ein süßes Häschen.   ● Oh ja, der kleine _____ ist echt süß.

3. ○ Anna nennt ihren Freund Bärchen.   ● Wie bitte? Jonas sieht doch nicht aus wie ein
   _____!

4. ○ Murli war ein ganz kleines Kätzlein!   ● Stimmt, und jetzt ist sie eine große _____!

b **Bilden Sie das Nomen mit *-chen*. Kontrollieren Sie mit dem Wörterbuch.**

1. Rattenberg ist ein kleines _____ (Stadt).

2. Für den Urlaub sucht Eva ein _____ (Haus) am Strand.

3. Vor dem Haus ist ein kleines _____ (Garten).

4. Der Preis steht auf dem kleinen _____ (Schild).

> **W**
>
> *-chen* und *-lein* machen **alles klein**
> Der Artikel ist immer *das*.
> Oft gibt es einen Umlaut.
> Man verwendet meistens *-chen*.
> *die Katze → das Kätzchen*

Wie die Zeit vergeht!

1 a **Eine Lebensgeschichte. Opa Wagner erzählt seiner Enkelin, was er in seinem Leben gemacht hat. Ordnen Sie den Text.**

____ Mit 16 Jahren habe ich dann die Schule abgeschlossen und gleich eine Ausbildung bei einer Versicherung begonnen. Nach der Ausbildung habe ich dort gearbeitet.

____ Am Wochenende war ich gern auf Partys. Auf einer Party habe ich dann auch deine Oma kennengelernt. Ich war 22, sie 20. Zwei Jahre später haben wir geheiratet. Wir wollten eine große Reise durch die USA machen. Nach drei Jahren hatten wir genug Geld dafür und waren zwei Monate unterwegs.

____ Seit sieben Jahren bin ich jetzt pensioniert und habe viel Zeit. Ich hoffe, dass Oma und ich noch lange gesund bleiben.

_1_ Als ich in die Schule gegangen bin, musste ich nicht viele Hausaufgaben machen. Ich hatte eine schöne Zeit.

____ Bald nach dieser Reise haben wir dann unsere Kinder bekommen, zuerst Bernd und dann vier Jahre später Lena. Ich war selten zu Hause und habe viel gearbeitet, viel zu viel, denke ich heute. Ab und zu haben wir am Wochenende einen Ausflug gemacht.

____ Später war ich dann beruflich in ganz Deutschland unterwegs und oft die ganze Woche nicht zu Hause. Bernd war inzwischen ein Teenager und wollte nicht mehr mitfahren, wenn wir am Wochenende einen Ausflug gemacht haben.

b **Das Leben von Irene Schmidt. Ergänzen Sie die Verben in der richtigen Form.**

bekommen | besuchen | bleiben | eröffnen | genießen | heiraten | kennenlernen | kümmern | machen | reisen | studieren | trennen | ~~verbringen~~ | werden

Die Schulzeit war schön. Da konnte Irene viel Zeit mit ihren Freundinnen (1) _verbringen_____.

Nach der Schule hat sie an der Universität (2) _____ und ist Apothekerin

(3) _____. Jedes Jahr ist sie in ein anderes Land (4) _____. Auf einer

Reise hat sie auch ihren späteren Mann Uwe (5) _____ und zwei Jahre später haben

sie (6) _____. Nach ihrer Hochzeit ist Irene Schmidt noch ein Jahr lang an ihrem alten

Arbeitsplatz (7) _____. Danach hat sie sich selbstständig (8) _____

und eine eigene Apotheke (9) _____. In dieser Zeit hat sie auch ihre Kinder

(10) _____, zwei Töchter. Frau Schmidt musste sich um die Familie und ihre Apotheke

(11) _____. Als die beiden Töchter groß waren, hat sie

sich von ihrem Mann (12) _____. Jetzt ist Frau Schmidt

seit einem Jahr Rentnerin und (13) _____ ihr Leben. Sie

reist wieder viel und (14) _____ auch oft ihre Töchter

und ihre zwei Enkel.

2 **Phasen im Leben. Was passt zu diesen Aktivitäten? Notieren Sie.**

als Rentner/in | als Vater/Mutter | in der Ausbildung/im Studium | im Beruf | in der Schulzeit

1. Hausaufgaben machen	mit Freunden spielen	(nicht) viel lernen müssen	_____
2. einen Beruf lernen	Prüfungen machen	einen Abschluss machen	_____
3. der Arbeitsplatz	sich selbstständig machen	wenig Freizeit haben	_____
4. eine Familie haben	ein Kind bekommen	sich um die Kinder kümmern	_____
5. mehr Zeit haben	die Enkelkinder besuchen	die Hobbys	_____

3 **Viele Wünsche? Was passt zusammen? Ordnen Sie zu.**

1. Meine Partnerin und ich haben ganz unterschiedliche Arbeitszeiten. ____

2. Ich arbeite von Montag bis Samstag in meinem Geschäft. ____

3. Ich gehe gern spazieren, aber meistens habe ich zu wenig Zeit. ____

4. Ich arbeite oft zu Hause und verbringe viel Zeit mit meinen zwei Kindern. ____

5. In meinem Job verdiene ich nicht viel. ____

A Ich hätte gern einen Hund. Dann müsste ich mir die Zeit nehmen.

B Ich hätte gern mehr Geld, dann könnte ich auch schöne Reisen machen.

C Ich wäre manchmal gern allein und würde die Ruhe genießen.

D Wir hätten gern mehr gemeinsame Freizeit.

E Ich würde am Sonntag gern meine Freunde treffen, aber ich bin meistens zu müde.

4 **Welche Wünsche hat Frau Geiger? Schreiben Sie.**

1. Frau Geiger arbeitet sehr viel.
   Sie würde sich gern ein paar Tage ausruhen.
   sie / sich ausruhen / ein paar Tage / gern

2. Sie muss jetzt noch viel erledigen.
   _____
   aber / lieber / sie / eine Pause / machen

3. Frau Geiger hat am Abend noch einen Termin.
   _____
   lieber / sie / zu Hause / sein

4. Erst in drei Monaten hat sie länger frei.
   _____
   lieber / sie / jetzt / Urlaub / haben

5. Nach der Arbeit ist sie sehr müde.
   _____
   sie / gern / mit Freunden / etwas / unternehmen

6. Frau Geiger ist jetzt einen Monat in der neuen Firma.
   _____
   sie / lieber / wieder / in der alten Firma / sein

5 **Gute Ratschläge. Was sollten die Personen machen? Suchen Sie die passende Möglichkeit und schreiben Sie dann Ratschläge.**

1. Frau Kovacic steht auf dem Weg zur Arbeit immer im Stau.

2. Ich bin noch müde vom Wochenende. Ich habe zwei lange Radtouren gemacht.

3. Die Kollegen wollen immer reden.

4. Ich habe keine Zeit für meine Hobbys.

5. Jan ist bei der Arbeit oft müde.

6. Eva glaubt, sie schafft ihre Prüfung nicht.

öfter Pause machen und die Fenster öffnen

mit der U-Bahn fahren, das ist schneller

Zeit für die Freizeit einplanen

ihnen sagen, dass Sie jetzt keine Zeit haben

mit einer Kollegin gemeinsam lernen

einfach mal faul sein und nichts tun

1. Frau Kovacic, ich würde an Ihrer Stelle _mit der U-Bahn fahren. Das ist schneller._

2. Du könntest doch _____

3. Herr Isele, Sie sollten _____

4. An deiner Stelle würde ich _____

5. Jan sollte einfach _____

6. Eva könnte vielleicht _____

6 **Welche Ratschläge passen zu Ihnen? Schreiben Sie vier Ratschläge, die Ihnen Ihre Freunde vielleicht geben wollen.**

Ich würde an deiner Stelle _____

Du könntest _____

Du solltest _____

Ich würde _____

7 a **Ein Fest. Welches Verb ist richtig? Schreiben Sie die richtige Form. Markieren Sie dann Verb und Präposition.**

1. Die Freunde haben schon lange über Freds Geburtstag vorbereitet.

   gesprochen

2. Sie haben sich gut auf das Fest gedacht.

   _____

3. Nora und Sabine haben sich um das Essen und die Getränke gesprochen.

   _____

4. Mario hat an die Musik und Unterhaltung gekümmert.

   _____

5. Fred war aber dann viel zu spät und alle mussten auf ihn erinnern.

   _____

6. Es war ein schöner Abend, und alle warten sich gern an die Party.

   _____

b Ergänzen Sie die Präposition und das Nomen mit Artikel in der richtigen Form.

1. Luca hat _über den Ausflug_ (der Ausflug) berichtet.

2. Aylin freut sich so _____ (ihr Urlaub) nächsten Monat.

3. Ahmet interessiert sich nur _____ (seine Arbeit).

4. Ines träumt _____ (ihre Ferien) in Spanien.

5. Esther verbringt viel Zeit _____ (ihr Hund).

6. Emil erinnert sich gern _____ (seine Hochzeit)

7. Lara spricht morgen _____ (ihr Chef) über das Projekt.

8 Aktivitäten planen. Ergänzen Sie die Lücken.

○ Wollen (1) w__ __ am Samstag Ski fahren?

● Nein, ich (2) h__ __ __ keine Lust. Das Wetter ist zu (3) sch__ __ __ __ __.

   Wollen wir uns nicht (4) lie __ __ __ einen gemütlichen Tag (5) ma__ __ __ __?

○ Nee, ich (6) w__ __ __ etwas unternehmen. Dann (7) g__ __ __ ich allein Skifahren.

● (8) A__ __ __ wir können am Sonntag (9) zus__ __ __ __ __ ins Theater gehen.

○ Warte, (10) i__ __ sehe mal nach, was auf (11) d__ __ Programm steht:

   Tanztheater „Lola", ich (12) w__ __ __ nicht. Aber am Montag (13) g__ __ __

   es ein Stück von Doris Dörrie.

● Das finde ich (14) kl__ __ __ __. Doris Dörrie ist wirklich (15) lu__ __ __ __.

○ Wir können uns (16) n__ __ __ der Arbeit im Bistro beim Theater

   (17) tr__ __ __ __ __, dann können wir noch (18) et__ __ __ essen. Was

   (19) h__ __ __ __ __ du davon?

● Gute Idee, (20) einv__ __ __ __ __ __ __ __ __. Denkst du an die Karten?

9 So viele Fragen! Wählen Sie.

A Ergänzen Sie die Fragewörter.
Die Wörter unten helfen.

B Ergänzen Sie die Fragewörter.

1. Du warst doch mal in Hamburg. _Woran_ erinnerst du dich noch? – An den Hafen.

2. Fritz hat viel erzählt. Er interessiert sich sehr für Musik. – _____? – Für Musik.

3. Pinar hat vergessen, _____ sie sich für das Fest kümmern sollte. – Ums Essen.

4. Wer hat angerufen? _____ ärgerst du dich so? – Ach, über eine unzufriedene Kundin!

5. Warum seid ihr so laut? _____ diskutiert ihr? – Über das Fußballspiel vom Sonntag.

6. Esther freut sich so auf den Ausflug! – _____? – Auf den Ausflug nach Salzburg.

über wen | wofür | worauf | woran | wofür | worüber | worum

10 Welche Information ist betont? Markieren Sie. Sprechen Sie dann laut.

1. Was hat Mereth Spaß gemacht? Die Kajaktour am Freitag hat Mereth viel Spaß gemacht.

2. Wem hat es viel Spaß gemacht? Die Kajaktour am Freitag hat Mereth viel Spaß gemacht.

3. Welche Kajaktour? Die Kajaktour am Freitag hat Mereth viel Spaß gemacht.

4. Wer hat sich geärgert? Am Freitag hat sich Milan über die Prüfung geärgert.

5. Wann hat sich Milan geärgert? Am Freitag hat sich Milan über die Prüfung geärgert.

6. Worüber hat er sich geärgert? Am Freitag hat sich Milan über die Prüfung geärgert.

11 In einer anderen Zeit leben. Welches Wort passt? Kreuzen Sie an.

1. Vor sechs Jahren hat Familie Ketterer eine Anzeige ☐ gesehen ☐ gehört.
2. Sie haben einen alten Bauernhof im Schwarzwald ☐ gebaut ☐ gekauft.
3. Sie sind dort ☐ eingepackt ☐ eingezogen und leben sehr einfach.
4. Auf dem Bauernhof ☐ organisieren ☐ produzieren sie Obst, Gemüse und Fleisch.
5. Natürlich müssen Sie auch manchmal im Supermarkt ☐ verkaufen ☐ einkaufen.
6. Wenn es kalt ist, ☐ heizen ☐ kochen die Ketterers ihr Haus mit Holz.
7. Das Leben auf dem Hof ist anstrengend, aber sie ☐ verzichten ☐ genießen das.

12 Sprichwörter zum Thema „Zeit". Ergänzen Sie die Wörter.

Geld | kommt | läuft | vergeht | Wunden | Zeit

1. Das geht zu langsam, mach schneller! Zeit ist _____ .

2. Was, das ist schon so lange her? Wie die Zeit _____ !

3. Ich brauche noch Zeit, ich bin noch nicht fertig. Mir _____ die Zeit davon.

4. Kopf hoch! Bald denkst du nicht mehr daran. Die Zeit heilt alle _____ .

5. Du musst dich beeilen, es ist schon sehr spät. Es ist höchste _____ !

6. Wir finden eine Lösung, du musst Geduld haben. Kommt Zeit, _____ Rat.

Wortbildung – Nomen mit *Lieblings-* und *Haupt-*

a Welche Bedeutung passt? Kreuzen Sie an.

1. Evas Lieblingsfach in der Schule war Biologie.   ☐a Biologie war ein sehr wichtiges Fach.
                                                      ☐b Dieses Fach hatte Eva am liebsten.

2. In Evas Schule war Mathematik ein Hauptfach.   ☐a Mathematik war ein sehr wichtiges Fach.
                                                      ☐b Dieses Fach hatte Eva am liebsten.

b *Haupt-* oder *Lieblings*...? Ergänzen Sie das passende Nomen.

1. Diese Straße ist im Ort am wichtigsten: *die Hauptstraße* .

2. Aylin liebt die Farbe Blau, es ist ihre _____ .

3. Diese Tiere mag ich am liebsten: Hasen sind meine

   _____ .

4. Von diesem Bahnhof fahren die wichtigen Züge ab, vom _____ .

5. Das „Café am Ahrendt-Platz" finde ich am besten. Es ist mein _____ .

> **W**
> Homer Simpson ist die **Haupt**figur der Serie „Die Simpsons".
> Vera liebt die Simpsons. Bart ist ihre **Lieblings**figur.

Gute Unterhaltung!

1 a **Superlative in Kunst und Kultur. Welches Adjektiv passt? Ergänzen Sie in der richtigen Form.**

bekannt | ~~erfolgreich~~ | groß | interessant | lang | teuer | viel

Michael Ende ist der (1) _erfolgreichste_ deutsche Kinderbuch-Autor. „Die unendliche Geschichte"
von ihm war am (2) _____ die Nummer 1 in den Bestseller-Listen.

Die Serie „Babylon Berlin" ist sehr erfolgreich, aber auch die (3) _____ deutsche Serie
(ca. 2,5 Millionen Euro pro Film). Viele sagen, dass die Serie die (4) _____ Zeit in Berlin
zeigt: Das Berlin der wilden 20-er Jahre.

Viele kennen Schloss Sanssouci in Potsdam oder das Heidelberger Schloss, aber Schloss Neuschwanstein
in Bayern ist am (5) _____. Und es hat die (6) _____ Besucher:
1,4 Millionen jedes Jahr.

Die Hamburger Kunsthalle ist das (7) _____ Kunstmuseum in Norddeutschland. Man
kann 700 Werke dort sehen.

b **Lesen und ergänzen Sie.**

In Schloss Neuschwanstein war ich (1) le __ __ __ __ Jahr. Das war (2) t __ __ __, ich habe eine
interessante (3) Füh __ __ __ __ mitgemacht und habe (4) v __ __ __ gesehen. Aber es waren so viele
(5) L __ __ __ __ dort, es war (6) einf __ __ __ viel zu voll. Das war ein bisschen (7) str __ __ __ __ __.
Man konnte fast keine (8) Fo __ __ __ machen.

Gestern habe ich „Babylon Berlin" (9) ange __ __ __ __ __, meine Lieblingsserie. Es ist
(10) spa __ __ __ __ __ und interessant, wie (11) e __ in Berlin vor hundert (12) Ja __ __ __ __ war.
Die Schauspieler (13) s __ __ __ sehr gut, aber am (14) to __ __ __ __ __ finde ich die Musik.

Kennst du das (15) B __ __ __ „Die unendliche Geschichte"? Ich (16) h __ __ __ es als Kind drei Mal
(17) gel __ __ __ __. Ich habe die (18) Ge __ __ __ __ __ __ __ geliebt. Das Buch musst du
(19) au __ __ lesen.

2 **Wie ist Ihre Meinung? Ergänzen Sie. Sie können auch mehrere Beispiele nennen.**

Welcher Film gefällt Ihnen überhaupt nicht? _____

Welches Buch fanden Sie total langweilig? _____

Welche Musik finden Sie am schrecklichsten? _____

Welches berühmte Gebäude finden Sie wirklich hässlich? _____

Wo steht es? _____

3 a **Ein Festival besuchen. Ordnen Sie das Gespräch.**

1. Ich habe echt mal wieder Lust auf ein Festival. Du auch? ____

2. Nach Wacken? Ich weiß nicht. Da spielen sie doch Metal. ____

3. Na ja, die Stimmung ist doch auf Festivals immer super. Wann ist das? ____

4. Und was kosten die Karten? ____

5. Das wird ein teurer Spaß. Dazu die Fahrt und der Campingplatz. Und die Getränke. ____

6. Rock im Park. Da war ich vor ein paar Jahren. ____

7. Nein, in Nürnberg. Da wohnen auch Freunde von mir. Und die Tickets, Moment! 149 Euro. ____

A Wacken ist Anfang August, drei Tage.

B Tja, vielleicht wird das zu teuer. Was gibt es denn sonst noch?

C Das geht gerade noch für drei Tage. Gibt es nicht noch ein kleineres Festival, ein billigeres?

D Ach, stimmt. Wo ist das noch mal genau? Bei Frankfurt?

E Total. Ich würde gern mal nach Wacken fahren.

F Upps. Das Drei-Tages-Ticket kostet 220!

G Genau, und Hardrock, meine Musik. Ich mag es, wenn es laut ist. Das ist einfach cool.

b **Tickets online kaufen. Welches Wort fehlt? Wählen Sie.**

A **Ergänzen Sie. Die Wörter unten helfen.**   **B** **Ergänzen Sie.**

1. Sie können die Rechnung per Überweisung oder mit … bezahlen.   _ _ _ _ _ _ _ _ _ _

2. Wir schicken die Tickets zu. Der … per Post kostet 4,90 Euro.   _ _ _ _ _ _ _

3. Der Preis für die Tickets ist inklusive 19 … Mehrwertsteuer.   _ _ _ _ _ _ _

4. Bitte füllen Sie Ihre … (Name, E-Mail-Adresse, Telefon) aus.   _ _ _ _ _ _ _ _ _ _ _ _

5. Kontrollieren Sie Ihre Bestellung im …   _ _ _ _ _ _ _ _ _

6. Zum Schluss müssen Sie noch den AGB …   _ _ _ _ _ _ _ _ _

Kontaktdaten | Kreditkarte | Prozent | Versand | Warenkorb | zustimmen

4 a **Bei einem Konzert. Was ist richtig: *man*, *jemand* oder *niemand*? Kreuzen Sie an.**

1. Wo kann [a] man [b] jemand [c] niemand hier Taschen und Mäntel abgeben?

2. Kann mir bitte [a] man [b] jemand [c] niemand den Rucksack halten?

3. Hörst du dein Handy nicht? [a] Man [b] Jemand [c] Niemand ruft dich an.

4. Ich gehe nach oben. Hier unten kann [a] man [b] jemand [c] niemand gar nichts sehen.

5. Ich war allein im Konzert. [a] Man [b] Jemand [c] Niemand wollte mitkommen.

6. Ich habe kein Auto. Kann mich bitte [a] man [b] jemand [c] niemand mitnehmen?

7. Die Kontrollen waren sehr genau, [a] man [b] jemand [c] niemand musste lange warten.

8. Am Eingang waren alle so ungeduldig. [a] Man [b] Jemand [c] Niemand wollte in der Schlange stehen.

b *alles*, *etwas* oder *nichts*? Verbinden Sie.

1. André mag den Sänger Herbert Grönemeyer nicht, er hört …   … von ihm an. Nie!

2. Alisa ist Fan von Tom Waits, sie hat …   … von ihm gekauft und hört es sehr oft.

3. Hast du …   alles   … gesagt? Es ist so laut hier.

4. Ich habe mich total geärgert, ich habe …   etwas   … gesehen. Die Plätze waren schlecht.

    nichts

5. Das Konzert war einfach super, …   … war bestens! Es hat echt Spaß gemacht!

6. Schau mal, ich habe dir vom Festival …   … mitgebracht. Ein T-Shirt!

7. Was haben sie gesagt? Hast du …   … verstanden?

5 a **Welche Information hat die Person nicht verstanden? Markieren Sie. Lesen Sie die Rückfragen laut.**

1. Auf dem Festival in Wacken spielen Sie Hardrock und Metal.   – Was spielen Sie da?

2. Ein drei-Tages-Ticket für Wacken kostet 220 Euro.   – Was kostet 220 Euro?

3. In Diepholz gibt es auch ein Festival, da wohnt mein Bruder.   – Wer wohnt da?

4. Das Festival in Diepholz ist dieses Jahr vom 1.–4. August.   – Wann genau ist das?

5. Für „Rock im Park" gibt es noch Tickets.   – Wofür gibt es noch Tickets?

6. Letztes Jahr habe ich dort „Die Ärzte" gehört.   – Wen hast du da gehört?

b **Sie verstehen die markierte Information nicht. Schreiben Sie Rückfragen.**

1. Ich war letzte Woche in Wacken.   *Wo warst du?*

2. So cool, ich habe mehr als 20 Bands gesehen. _____

3. Ich finde, Russkaja war am besten. _____

4. Ich war mit Nina dort, es war super. _____

6 **Ein Konzert besuchen. Wählen Sie.**

A **Ergänzen Sie. Die Wörter unten helfen.**   **B** **Ergänzen Sie.**

Am Freitag war ich mit meinem Freund auf einem (1) *Konzert* _____ von „Glasperlenspiel".

Die (2) _____ besteht aus der Sängerin Carolin Niemczyk und dem Keyboarder und

Sänger Daniel Grunenberg, für Konzerte kommen vier weitere (3) _____ dazu. Ich mag

besonders die (4) _____ von ihren Liedern. Ich finde, dass „Ich wünsch dir noch ein

geiles Leben" überhaupt das beste (5) _____ von ihnen ist. Glasperlenspiel produzieren

keine Nummer eins (6) _____, aber das ist mir egal. Man muss sie live sehen, denn

ihre Show auf der (7) _____ ist super. Ich habe mich gefreut, dass mein Freund

mitgekommen ist. Er hört sonst andere (8) _____ als ich.

Band | Bühne | Hits | Konzert | Lied | Musik | Musiker | Texte

7 **Was ist passiert? Ergänzen Sie *der*, *das* oder *die*.**

1. Peter Veit war die ganze Nacht bei seiner Tochter, *die* _____ sehr krank war.

2. Die Radiohörer mussten auf die Nachrichten warten, _____ immer um 7 Uhr beginnen.

3. Ein Sammler hat auf einem Flohmarkt ein paar Bilder gekauft, _____ ihm gefallen haben.

4. Er hat auch kleines Bild von einem See gekauft, _____ nur 8 Euro gekostet hat.

5. Die Band „Gedankensprung" hat ein Konzert gespielt, _____ schnell zu Ende war.

6. Der Grund war ihre Sängerin, _____ plötzlich keine Stimme mehr hatte.

8 a **Was ist richtig? Kreuzen Sie an.**

1. Ein Freund, [a] der [b] den [c] die in der Schweiz lebt, hat mich gestern besucht.

2. Wir sind in ein Restaurant gegangen, [a] der [b] das [c] die er besonders gern mag.

3. Am Abend gehe ich in einen Film, [a] der [b] das [c] den ich schon lange sehen wollte.

4. Sie zeigen ihn in dem Kino, [a] den [b] das [c] die ich am liebsten mag.

5. Nico kocht gern mit den leckeren Sachen, [a] den [b] das [c] die er auf dem Markt gekauft hat.

6. Das Essen, [a] den [b] das [c] die Nico gekocht hat, war einfach super.

b **Schreiben Sie Relativsätze.**

1. Wie heißt der Kollege, *den du gerade gegrüßt hast?* _____ (Du hast ihn gerade gegrüßt.)

2. Wo wohnen die Leute, _____ (Du willst sie besuchen.)

3. Das ist eine Kollegin, _____ (Ich treffe sie oft im Zug.)

4. Wie heißt das Kind, _____ (Es steht da vorne.)

5. Ist das die Chefin, _____ (Sie telefoniert so laut.)

6. Wie heißt der Zahnarzt, _____ (Du kennst ihn gut.)

9 **Quizfragen. Welche Information passt? Schreiben Sie Relativsätze.**

Celine Dion hat es gesungen. | Die Fans lieben ihn so sehr. | ~~Er hat den Oscar gewonnen.~~ |
Er spielt so gut in „Babylon Berlin". | Sie hat „Back to Black" gesungen. |
Sie hat „Harry Potter" geschrieben.

1. Wie heißt der Film, *der den Oscar gewonnen hat?* _____

2. Wie heißt die Autorin, _____

3. Wie heißt das Lied in „Titanic", _____

4. Wer war die Sängerin, _____

5. Wie heißt der Schauspieler, _____

6. Wer ist der Sportler, _____

10 **Gemalte Bilder. Welches Adjektiv passt? Kreuzen Sie an.**

1. Auf dem Bild gibt es alle Farben, es ist sehr
   ☐ exakt ☐ bunt ☐ langweilig.

2. Die Tiere sehen fast wie auf einem Foto aus, sie sind
   ☐ realistisch ☐ lustig ☐ komisch.

3. Die Malerin hat viele neue Ideen, sie malt sehr
   ☐ natürliche ☐ bunte ☐ originelle Bilder.

4. Man kann keine Dinge erkennen, das Bild ist
   ☐ abstrakt ☐ realistisch ☐ bunt gemalt.

5. Der Maler macht Bilder, die man noch nie gesehen hat.
   Er ist ☐ genau ☐ kreativ ☐ bunt.

11 **Ein Bild beschreiben. Wo ist das? Wählen Sie.**

A Ergänzen Sie. Die Wörter unten helfen.

B Ergänzen Sie.

(1) _Im Vordergrund_ sitzen zwei junge Frauen auf einer Mauer vor

einem großen See. Hinter ihnen ist (2) _____ und

(3) _____ je ein Baum. (4) _____ sieht

man den See und einen Wald. (5) _____ See fahren zwei Boote.

Links (6) _____ sieht man die Sonne.

Links (7) _____ steht ein Fahrrad.

Ganz (8) _____ liegt ein großer Stein.

auf dem | im Hintergrund | Im Vordergrund | links | oben | rechts | unten | vorne

Wortbildung – Adjektive

a **Adjektiv + Adjektiv. Notieren Sie die die beiden Wörter.**

1. Das Wetter war schön, der Himmel hellblau.   _____ + _____

2. Um den See war dichter Wald, alles war dunkelgrün.   _____ + _____

3. Aber das Wasser hatte eine andere Farbe: blaugrün.   _____ + _____

b **Wie kann man das sagen? Bilden Sie ein Adjektiv.**

1. Am Abend war die Sonne (dunkel + rot) _____.

2. Kennst du die Frau mit den _____

   (dunkel + braun) Haaren?

3. Huskys sind ganz tolle Hunde. Ihre Augen sind _____

   (hell + blau)

4. Auf diesem Foto hat Maria noch _____ (hell + blond) Haare.

5. Wo ist der Wohnungsschlüssel? – In der _____ (gelb + grün) Tasche.

6. Das ist ein ganz altes Foto. Es sieht ganz _____ (grau + braun) aus.

W

Man kann Adjektive
(besonders Farben)
zusammensetzen:
gelbgrün
blaugraue Augen

1 Und was machst du?

1a

Mara-Sophie Lemper – E; Journalistin – B; Heinestraße 5, Düsseldorf – G; lesen, reisen und reiten – C; Spanisch und Englisch – D; Blau, blau wie das Meer – A; Granada in Südspanien – F

1b

Ausbildung: lernen, zur Schule gehen, die Uni besuchen, studieren, ein Studium machen
Freizeit: ausgehen, feiern, Freunde treffen, Spaß haben, Sport machen
Wohnen: ein Apartment mieten, auf dem Land leben, das Stadtzentrum, die Wohnung renovieren, zusammenleben

2

1. Bruder, 2. Schwester, 3. Kinder, 4. Tochter, 5. Sohn, 6. geschieden, 7. Vater, 8. Mutter

3

1. ist – gezogen, 2. hat – gefunden, 3. hat – angefangen, 4. ist – gereist, 5. hat – gelernt, 6. hat – gefallen, 7. hat – gesucht, 8. ist – geblieben, 9. hat – abgeschlossen

4a

ABIDQWEETBELEFIGE**GESEHEN**KOLA**GEHOLFEN**WIETO**GETROFFEN**
LABIK**GESCHRIEBEN**BILASU**GEFAHREN**MANECA**GENOMMEN**HAKUN
AMATATA**GESCHLAFEN**NEMA**GEGESSEN**VASI**GEGANGEN**SCHL

essen – er hat gegessen, fahren – er ist gefahren, gehen – er ist gegangen, helfen – er hat geholfen, nehmen – er hat genommen, schlafen – er hat geschlafen, schreiben – er hat geschrieben, sehen – er hat gesehen, treffen – er hat getroffen

4b

1. Ich habe ihn (Emil) schon angerufen. 2. Ich habe schon angefangen. 3. Ich habe sie (die Nummer) schon aufgeschrieben. 4. Ich habe sie (die Freunde) schon eingeladen. 5. Ich habe es (das Handy) schon ausgemacht. 6. Ich habe sie (die Sachen) schon weggeräumt.

4c

1. verstanden, 2. vergessen, 3. verpasst, 4. bekommen, 5. erzählt, 6. begonnen, 7. überwiesen

4d

1. ist – passiert, 2. hat – gefeiert, 3. habe – getroffen, 4. haben – geredet, 5. hat – geschrieben, 6. haben – gesehen, 7. sind – gefahren, 8. hat – gefallen, 9. habe – angefangen, 10. sind – gelaufen

5

1. Am Mittwoch haben wir im Sprachkurs viel gelacht. Du warst nicht da, schade.
2. Mein Kollege Wayan kann sehr gut kochen. Er möchte Chefkoch werden.
3. Daria spricht Polnisch und Deutsch. Sie liest gern und hat viele Bücher zu Hause.
4. Am Wochenende war mein Freund in Zürich. Er hat eine Nachricht geschickt.
5. Wir fahren heute zu einem Konzert. Hast du auch Lust? Kommst du mit?

6

1. bei, 2. Kommst, 3. euch, 4. Was, 5. Frühstück, 6. ist, 7. ihr, 8. schade, 9. Ausflug, 10. fahren, 11. Fährst, 12. wollt, 13. muss, 14. sein, 15. Abend, 16. Lust, 17. komme, 18. mitbringen, 19. wollt

7a

1. …, weil sie am Abend kochen möchte. 2. …, weil sie ihre Freundinnen sehen möchte, 3. …, weil Julia sehr gut kochen kann. 4. …, weil sie gern schwimmen und surfen. 5. …, weil sie sehr gern Ski fährt. 6. …, weil alle viel erzählen und Spaß haben.

8

1. b, 2. a, 3. b, 4. b, 5. a

9

1. und, 2. weil, 3. aber, 4. oder (und), 5. weil, 6. und, 7. aber, 8. oder

10

die Nase – riechen; der Finger – fühlen; der Mund – schmecken; das Ohr – hören; das Auge - sehen

Wortbildung

a

Ein Restaurant ohne Licht – es ist ganz dunkel. Sie können beim Essen Ihre eigene Hand nicht sehen. Jetzt ist nur noch das Hören, Riechen, Fühlen und Schmecken wichtig.
Mir macht Kochen wirklich Spaß. Aber nicht nur das Kochen, natürlich auch das Essen! Das sieht man. ☺
Zum Kochen brauche ich Zeit und Musik. Dann bin ich sehr entspannt.

b

1. Essen, 2. Grillen, 3. (das) Sehen, 4. Hören, 5. Laufen, 6. Schwimmen

2 Nach der Schulzeit

1a

1. wie, 2. dir, 3. was, 4. Schule, 5. studieren, 6. etwas,
7. Praktikum, 8. gemacht, 9. wirklich, 10. Spaß, 11. hat,
12. gefallen, 13. ich, 14. war, 15. machst, 16. arbeite, 17. als

1b

1. gereist, 2. gegangen, 3. gearbeitet, 4. macht, 5. war,
6. gelernt, 7. braucht, 8. studiert

3

1E, 2A, 3F, 4B, 5C, 6D

4

1. musste, 2. durften (konnten), wollten; 3. mussten,
4. Musstet, 5. wollten, durften (konnten), mussten;
6. konnte

5

1. b, 2. a, 3. a, 4. b, 5. a

6

1. Wer kennt noch unsere Englischlehrerin? Man durfte
keine Fehler machen. Dann war sie sehr wütend.
Wir mussten jede Woche für Tests lernen. Es war
schrecklich!
2. Mein Schulweg war lang, ich musste früh aufstehen
und den Bus nehmen. Am Abend war ich erst spät
zurück. Mein Freund musste nur zehn Minuten gehen.
3. In den Ferien bin ich mit den Eltern an einen See oder
ans Meer gefahren.
4. Jonas lebt jetzt in Zürich, direkt neben der Uni. Er
spielt gern Tennis und möchte sich in einem Verein
anmelden. Sein Freund denkt, das ist eine gute Idee.

7a

1. der, eine, ihren, der; 2. einer, der, eine, einer; 3. ihren,
ein, die, einen

7b

1. … für die Hausaufgaben gebraucht? 2. … deinen
Freunden gelernt? 3. … die Handys benutzen?
4. … eurer Klasse oft gelacht? 5. … die Fächer wählen?
6. … den Mitschülern geholfen?

8

seine Meinung sagen: Das finde ich nicht gut. Das finde
ich toll. Das ist meine Meinung. Ich finde das schlecht.
(Ich denke, das geht nicht.)
Ich stimme zu: Da denke ich wie du. Das stimmt. Genau,
so ist es! Das ist richtig. (Das finde ich toll.)
Ich stimme nicht zu: Das sehe ich anders. Das stimmt
nicht. Ich denke, das geht nicht. Ich denke, das ist
anders. (Das finde ich nicht gut. Ich finde das schlecht.)

9

1. Na, wie ist … 2. Ja. Mir geht … 3. Ach, ich bin …,
4. Ja stimmt! Du … 5. Ich weiß es … 6. Also, ich habe …
7. Sie finden, ich … 8. Das ist nicht … 9. Oh, danke.
Das …

10

1. Die Universität Wien ~~gibt~~ / ist es seit 1365.
2. Sie ist also ~~seit~~ / über 650 Jahre alt.
3. Sie liegt im Zentrum ~~zu~~ / von Wien und ist sehr ~~klein~~ /
groß.
4. An der Uni studieren ungefähr / ~~genau~~ 90.000
Studierende.
5. Dort arbeiten / ~~lernen~~ auch 9.800 Mitarbeiterinnen
und Mitarbeiter.
6. Man kann ~~vor~~ / an der Universität ca. 230
verschiedene Fächer / ~~Themen~~ studieren.
7. Die Uni ist bekannt für / ~~um~~ die Bibliothek.
8. Sie hat / ~~kauft~~ über 7 Millionen Bücher ~~oder~~ /
und eine halbe Million E-Books und E-Journals
(Zeitschriften).

11a

1. Sebastian hat sechs Jahre lang die Realschule in Jena
besucht.
2. Der Deutschunterricht hat ihm viel Spaß gemacht.
3. In Mathematik und Chemie musste er sehr viel lernen.
4. In seiner Schulzeit hat er auch mehrere Praktika
gemacht.
5. Da konnte er verschiedene Berufe kennenlernen.

11b

OKLAPEDIT**GRUNDSCHULE**MAGUFALE**REALSCHULE**BILEMKU**BERUFSSCHULE**G
LASON**GYMNASIUM**VELASIKEN**FERIEN**WISENTA**ABITUR**LA
SOMI**GESAMTSCHULE**PLAKOFILKILKAMI**ABSCHLUSS**GUTAMIN**PRAKTIKUM**SO

12

1. Mal, 2. Zeugnis, 3. Noten, 4. Traumschule, 5. Unterricht,
6. Pausen, 7. Fächer, 8. Klassenzimmer, 9. Platz,
10. Probleme

Wortbildung

a

1. der Bäcker, 2. der Lehrer, 3. die Schüler, 4. der
Informatiker, 5. der Taxifahrer, 6. die Mitarbeiter

b

1. ruft … an – der Anrufer, 2. hilft – der Helfer,
3. programmiert – der Programmierer, 4. nimmt … teil –
der Teilnehmer, 5. besuchen – die Besucher

3 Immer online?

1

1. die Zeitschrift, -en; 2. das Radio, -s; 3. der Laptop, -s;
4. der Fernseher, -; 5. die Zeitung, -en; 6. das Tablet, -s;
7. die Smartwatch, -es, 8. das Handy, -s; 9. die VR-Brille, -n

2

1. geschickt, 2. kopiere, 3. ausprobieren, 4. recherchieren,
5. liest, 6. checken, 7. telefoniert, 8. (he)runtergeladen

3

1. gepostet, 2. bloggen, 3. gemailt, 4. downloaden,
5. chattet

4

1. mehr, 2. lieber, 3. größer, 4. älter, 5. teurer,
6. praktischer, 7. besser

5a

1. als, 2. wie, 3. als, 4. als, 5. als, 6. wie

5b

1. Das Telefon ist älter als das Fernsehen.
2. Das Tablet kostet (genau)so viel wie das Smartphone.
3. Der Laptop kostet mehr als das Tablet.
4. Ein E-Book braucht weniger Platz als Bücher.
5. Alex schreibt nicht so viele E-Mails wie Nachrichten.

6a

1. am höchsten, 2. am kleinsten, 3. am größten,
4. am ältesten, 5. am meisten, 6. am besten

6b

1. genauso lang wie, 2. länger als, 3. am längsten,
4. älter als, 5. (genau)so alt wie, 6. am ältesten

7

1. Welcher Film gefällt Ihnen am besten?
2. Welche Musik hören Sie am liebsten?
3. Welches Bild finden Sie am schönsten?
4. Welchen Sport finden Sie am blödesten?

8

1C, 2A, 3D, 4B

9a

1. …, dass sie zu Hause für ihre Firma arbeiten <u>kann</u>.
2. …, dass er im Internet gut auf seine Daten <u>achtet</u>.
3. …, dass sie mit ihrer Freundin über Internet
   <u>telefoniert</u>.
4. …, dass er immer seine E-Mails checken <u>muss</u>.

9b

1. …, dass sie überall Kontakt zu ihren Freunden haben
   kann.
2. …, dass sie das Internet für ihre Arbeit braucht.
3. …, dass man immer schnell Informationen finden
   kann.
4. …, dass er Bücher und Musik herunterladen kann.
5. …, dass vieles einfach unwichtig und total
   uninteressant ist.
6. …, dass er nicht viel Zeit im Internet verbringt.
7. …, dass sie mit privaten Informationen sehr gut
   aufpasst.

11

1. <u>W</u>irklich? Ist das <u>w</u>ahr?
2. Komm <u>b</u>ald! Ich <u>w</u>arte.
3. <u>W</u>ie heißt das <u>B</u>uch?
4. <u>W</u>er <u>b</u>raucht noch <u>w</u>as?
5. <u>W</u>o ist <u>b</u>itte das <u>B</u>ad?
6. <u>W</u>ann fährt der <u>B</u>us?
7. Geht es <u>w</u>ieder <u>b</u>esser?
8. <u>W</u>ann ist die <u>B</u>ank offen?
9. Man muss <u>b</u>ar <u>b</u>ezahlen.

12

ist wirklich lustig, ist nicht spannend, spielt in Berlin,
ist aktuell, hat mir am wenigsten gefallen, macht echt
Spaß, erzählt die Geschichte von

13

1. sch<u>on</u>, 2. ges<u>eh</u>en, 3. <u>imm</u>er, 4. kl<u>asse</u>, 5. Schau<u>spiel</u>er,
6. t<u>oll</u>, 7. gef<u>ä</u>llt, 8. B<u>ild</u>er, 9. F<u>il</u>m, 10. K<u>in</u>o, 11. l<u>a</u>ngweilig,
12. lus<u>tig</u>, 13. w<u>en</u>ig,

Wortbildung

a

1. Läuferin, 2. Sängerin, 3. Schauspielerin, 4. Regisseurin,
5. Entertainerin, 6. Fotografin
Lösungswort: Frauen

b

1. Tänzerin, 2. Zuschauerin, 3. Fahrerin, 4. Bäckerin

4 Große und kleine Gefühle

1a

1. den Führerschein, 2. die Geburt von einem Kind,
3. neu in der Firma, 4. die Hochzeit, 5. der erste Platz,
6. der erste Schultag

1b

1. ist, 2. Baby, 3. schmücken, 4. Eltern, 5. Babykleidung,
6. klein, 7. gratuliert, 8. Geschenk, 9. gemacht, 10. haben,
11. Hochzeit, 12. Fest, 13. glücklich, 14. Paar

3a

1. …, dann hat er ein bisschen Angst.
2. …, (dann) hat sie viel Spaß und lacht. (…, haben sie
   viel Spaß und lachen.)
3. …, (dann) ist sie glücklich und feiert.
4. …, (dann) schläft sie danach schlecht. (…, schläft sie
   schlecht danach.)
5. …, (dann) ist er sehr genervt.

3b

1. …, wenn sie zum ersten Mal in die Schule gehen.
2. …, wenn sie eine Prüfung schreiben müssen.
3. …, wenn sie Geburtstag haben.
4. …, wenn er Kopfschmerzen hat.
5. …, wenn sie Urlaub haben.
6. …, wenn das Wetter morgen schön ist.

4a

Lieber Philipp, liebe Lena,
herzlichen Glückwunsch zur Geburt von eurem Sohn
Jakob. Ich wünsche euch für die Zukunft alles Gute. Ich
besuche euch, wenn ich in München bin.
Herzliche Grüße(,)
Caroline

4b

1. a, 2. b, 3. a, 4. b

5

1. machen, 2. entschieden, 3. erinnern, 4. feiern, 5. Spaß,
6. einladen, 7. planen, 8. treffen, 9. Idee

6

1. mich, 2. dich, 3. sich, 4. sich, 5. uns, 6. euch, 7. sich,
8. sich

7a

1. mich – gelangweilt, 2. mich ausruhen, 3. uns –
unterhalten, 4. mich – bedanken, 5. sich – streiten

8

1. toll, freue; 2. schade, Pech; 3. leid, 4. Glück, 5. gibt's,
6. macht

9

1. ~~Das hat noch Zeit.~~ 2. ~~Mann, tut das weh!~~ 3. ~~So ein Glück!~~ 4. ~~Ich freue mich sehr.~~

10

1. a, c; 2. b, 3. a, b; 4. b, c; 5. a, b

11a

1. dass, 2. und, 3. dass, 4. Wenn, 5. dass, 6. Aber, 7. wenn,
8. weil, 9. wenn

11b

1. Kindheit, 2. Heimat, 3. Probleme, 4. Erfahrungen,
5. Erinnerungen, 6. Freundschaft

12

1. ~~denke~~ studiere, 2. ~~vermisse~~ freue, 3. ~~koche~~ verstehe,
4. ~~freue~~ vermisse, 5. ~~studiere~~ – denke, 6. ~~verstehe~~ koche

Wortbildung

a

1. schwer, 2. unpraktisch, 3. schnell, 4. voll, 5. unmöglich,
6. ungefährlich, 7. jung, 8. ungeduldig, 9. hässlich

b

1. unpraktisch, 2. unpünktlich, 3. unfreundlich,
4. uninteressant, 5. unangenehm, 6. unregelmäßig

5 Leben in der Stadt

1a

W	M	U	S	E	U	M	G	F	R	U	K	P	T	L	M	P
S	T	R	A	ß	E	N	R	E	I	N	I	G	U	N	G	O
R	M	Ü	L	L	A	B	F	U	H	R	N	V	C	R	I	L
A	I	S	T	H	E	A	T	E	R	F	O	J	K	Ö	T	I
T	B	E	H	Ö	R	D	E	R	B	A	H	N	H	O	F	Z
H	N	O	T	A	R	Z	T	W	Q	W	S	U	L	E	T	E
A	M	T	Y	U	N	I	V	E	R	S	I	T	Ä	T	M	I
U	K	R	A	N	K	E	N	H	A	U	S	J	K	L	Ö	V
S	B	V	E	R	K	E	H	R	S	M	I	T	T	E	L	B

1b

1. die Straßenreinigung, 2. die Müllabfuhr, 3. die Polizei,
4. die Verkehrsmittel, 5. die Behörde / das Amt,
6. das Krankenhaus, 7. die Feuerwehr, 8. der Notarzt

1c

1. dass, 2. ist, 3. nicht, 4. Arbeit, 5. Ich, 6. mit, 7. jeden,
8. Leute, 9. Dokumente, 10. berate, 11. habe, 12. geholfen,
13. Formulare, 14. ausgefüllt, 15. froh, 16. allein, 17. hat,
18. Pass

2

1E, 2D, 3A, 4B, 5F, 6C

3

1. gearbeitet, 2. Erfahrung, 3. spontan, 4. können,
5. tragen, 6. verdiene, 7. frei

4a

1. weiße, schwarzen; 2. weiße, 3. bequemen, kleinen;
4. großen, neue; 5. netten, 6. junge, moderne

4b

1. schwarze, 2. moderne, 3. alte, 4. hohen, 5. große
6. schwarzen, 7. moderne, 8. alte, 9. hohen, 10. großen

4c

1. leckere, 2. warmen, 3. tollen, 4. großen, 5. frühen,
6. lange, 7. vollen, 8. anstrengenden

4d

1. dem großen Festival, 2. Das kleine Auto, 3. die
französische Band, 4. das coole Konzert, 5. dem vollen
Campingplatz, 6. den tollen Tagen

5a

1. ~~überwiesen~~ beantragt, 2. ~~geprüft~~ ausgefüllt,
3. ~~beantragt~~ gezeigt, 4. ~~gezeigt~~ geprüft, 5. ~~bekommen~~
überwiesen, 6. ~~ausgefüllt~~ bekommen

5b

1. Herr Ziegler ist zur Polizei gegangen. 2. Bei der
Polizei hat er einen Diebstahl gemeldet. 3. Die Polizistin
hat viele Fragen gestellt. 4. Sie hat alle Angaben
aufgeschrieben. 5. Herr Ziegler hat den Bericht
unterschrieben.

5c

1. mit vielen Kunden, 2. mit ihrer Kollegin, 3. ohne eine
Mittagspause, 4. mit einem Computer, 5. ohne ihren
Chef, 6. mit viel Stress

6

1. Könnten Sie bitte die Tür schließen?
2. Könntest du heute einkaufen?
3. Könntet ihr etwas leiser sein?
4. Könntest du einen Kaffee holen?
5. Könnten Sie Frau Raich anrufen?
6. Könntet ihr mir helfen?

7

1. ☹, 2. ☺☺, 3. ☹, 4. ☺, 5. ☺, 6. ☺☺, 7. ☹, 8. ☺

8

Im Museumsquartier sieht man die Bilder von vielen
österreichischen Malern.
Im Parlament machen die Politiker die neuen Gesetze.
Im Volksgarten, einem Park, kann man Ruhe und
Entspannung finden.
Im Wiener Burgtheater kann man viele Dramen und
Komödien sehen.
Im Wiener Rathaus arbeiten viele Beamtinnen und
Beamte.
In der Clubdisco im Volksgarten kann man die ganze
Nacht lang feiern und tanzen.

9a

1. Finden, 2. sagen, 3. gelebt, 4. gut, 5. kaufen, 6. Busse, 7.
nicht, 8. gibt, 9. vermieten, 10. werden, 11. Wetter,
12. gern

9b

Das finde ich nicht so gut, weil …
Ich finde es schön, dass …
Mir gefällt nicht so gut, dass …
Mir ist wichtig, dass …

Wortbildung

a

1. die Kunst, das Museum, das Kunstmuseum
2. die Speise, die Karte, die Speisekarte
3. die Augen, der Arzt, der Augenarzt
4. der Kopf, die Schmerzen, die Kopfschmerzen

b

1. die Bankkauffrau, 2. der Hotelchef,
3. die Krankenpflegerin, 4. die Modedesignerin,
5. der Deutschlehrer

6 Arbeitswelten

1
1D, 2E, 3A, 4B, 5C

2
1. gemacht, 2. organisieren, 3. ist, 4. aufstehen, 5. berät
6. kontrollieren, 7. einhalten, 8. arbeiten, 9. gehen

3
1. a, 2. a, 3. b, 4. a, 5. b, 6. a, 7. b

4a
1B, 2F, 3D, 4H, 5C, 6E, 7G, 8I, 9A

4b
1. fährt, 2. kostet, 3. komme … an, 4. umsteigen,
5. reservieren, 6. Gibt, 7. sitzen, 8. dauert

4c
1. Ich muss um 14 Uhr in Münster sein.
2. Ich fahre heute hin und am Sonntag zurück.
3. Ich möchte einen Platz am Gang reservieren.
4. Ich möchte direkt fahren, weil ich viel Gepäck habe.
5. Leider hat der Zug Verspätung und ich komme zu spät an.

5a
1. langes, 2. schönen, 3. tolle, 4. alte, 5. historischen,
6. viele, 7. interessante

5b
1. gutes, 2. interessante, 3. gute, 4. modernes,
5. schönen, 6. alten, 7. kleinen, 8. neue

7
1. guten, 2. halben, 3. kleinen, 4. täglichen, 5. großen,
6. alte, 7. neuen, 8. langweilige, 9. großes, 10. ganzen,
11. tolle

8
1. wurde, 2. wurde, 3. wird, werden; 4. wurde, wird;
5. wirst

9

10
1. Wie gefällt es Ihnen in der neuen Firma? Haben Sie nette Kollegen?
2. Diesen neuen Helm habe ich von einer guten Freundin bekommen.
3. Wir gehen oft zusammen klettern, deshalb kann ich ihn sehr gut brauchen.
4. Wann kommst du mich besuchen? Wir haben uns lange nicht gesehen.
5. Vielen lieben Dank für die tollen Nachrichten. Ich habe mich sehr gefreut.

11
1. nervös, 2. stört, 3. vergessen, 4. verstehen, 5. suchen,
6. freundlich

12
Anrufer: Kann ich mit Frau Roth sprechen? Kann ich eine Nachricht hinterlassen? Könnten Sie mich mit Frau Berg verbinden?
Mitarbeiter in der Firma: Herr Reiser ist nicht am Platz. Kann ich etwas ausrichten? Kann Frau Berg Sie zurückrufen?

13
1D, 2C, 3A, 4E, 5B

Wortbildung
a
1D, das Reiseziel; 2A, das Reisebüro; 3E, die Reiseführerin; 4C, der Reisebericht; 5B, die Reisetasche

b
1. das Zugticket, 2. der Arbeitsplatz, 3. der Traumberuf,
4. die Videokonferenz, 5. die Arbeitszeit

7 Ganz schön mobil

1
1. weiter, 2. Unfall, 3. Stau, 4. Navi, 5. Verspätung, 6. fährt,
7. Stunde, 8. Ampeln, 9. Zeit, 10. Kontrolle, 11. Parkplatz,
12. voll, 13. Sitzplatz, 14. umsteigen, 15. ärgerlich,
16. kaputt, 17. Motor, 18. Auto, 19. Werkstatt

2
Sie warten: Hoffentlich bist du gleich da! Ich warte
schon eine Viertelstunde. Mensch, wo bleibst du denn?
Wo bist du denn?
Sie sind zu spät: Entschuldige bitte, es tut mir leid. Ich
bin gleich da. Ich weiß, ich bin zu spät. Aber … In fünf
Minuten bin ich bei dir.

3a
1. das Flugzeug, 2. die Tankstelle, 3. der Abflug,
4. rückwärts fahren, 5. die S-Bahn

3b

R	R	I	R	U	N	A	V	I	M	E	L	K	B
Ü	E	K	E	N	N	Z	E	I	C	H	E	N	A
C	I	O	P	K	W	A	R	W	I	A	B	S	U
K	F	Z	A	L	A	J	K	A	P	U	T	T	S
W	E	B	R	E	M	S	E	J	M	Y	A	A	T
Ä	N	T	A	V	P	T	H	C	O	D	N	U	E
R	O	A	T	U	E	R	R	H	T	R	K	O	L
T	P	I	U	P	L	K	W	T	O	E	E	N	L
S	V	E	R	S	I	C	H	E	R	U	N	G	E

das Navi, das Kennzeichen, der Pkw, das Kfz, kaputt,
die Bremse, der Lkw, die Versicherung, rückwärts, der
Reifen, die Reparatur, die Ampel, der Verkehr, der Motor,
tanken, der Stau, die Baustelle

4
1. a, 2. a, 3. b, 4. a

5
1. Darf ich fragen, welche U-Bahn zum Hauptplatz fährt?
2. Könnten Sie mir sagen, wo der Bus Linie 19 abfährt?
3. Entschuldigung, wissen Sie, wo ich einen Parkplatz
finde?
4. Können Sie mir bitte sagen, wann wir in Bonn
ankommen?

6a
1. Weißt du, ob man in Ulm Fahrräder leihen kann?
2. Wissen Sie, ob man einen Helm tragen muss?
3. Können Sie mir sagen, ob man zu Fuß gehen kann?
4. Ich wollte noch fragen, ob es im Bus WLAN gibt?

6b
1. leihen, 2. reservieren, 3. heruntergeladen,
4. registrieren, 5. sicher, 6. Unfall, 7. versichert,

8. Führerschein

8
Moritz
1. bis zum, 2. am … vorbei, 3. über, 4. durch, 5. Hinter
Lara
6. über, 7. bis zur, 8. bis zum, 9. gegenüber vom

9
das Bordbistro, die Großstadt, das Kennzeichen, der
Konzertsaal, die Monatskarte, der Radfahrer, das
Stadtzentrum, die Tankstelle, der Bahnhof

10a
der Ja-Sager: Wenn ich ein Auto brauche, … In der
Innenstadt gehe ich …, Ich fahre mit dem Rad. … In der
Straßenbahn kann …
der Nein-Sager: Die U-Bahn ist immer … Breite
Radwege – … Bezahlen, wenn man … Seilbahnen in
der Stadt? …

10b
Beispiele:
1. Ich bin der Meinung, dass Seilbahnen in der Stadt
nicht funktionieren.
2. Für mich ist es gut, wenn ich mit dem Rad fahre.
3. Ich bin dagegen, dass man bezahlen muss, wenn man
in die Innenstadt fährt.
4. Ich finde es schlecht, wenn die U-Bahn immer so voll
ist.
5. Für mich ist es sinnvoll, wenn ich der Innenstadt zu
Fuß gehe.

11
1. fährt, 2. warten, 3. braucht, 4. pendelt, 5. nimmt,
6. umsteigen, 7. dauert

12
1. b, 2. a, 3. a, 4. a

13
1. Wie jeden Morgen bin ich mit dem Zug zur Arbeit
gefahren.
2. Ich war spät dran und bin sehr schnell gelaufen.
3. Der Zug ist sofort abgefahren und ich habe gelesen.
4. Nach 20 Minuten habe ich aus dem Fenster gesehen.
5. Den Ort habe ich nicht gekannt.
6. Ich bin viel zu spät in die Firma gekommen.

Wortbildung
a
1. Verspätung, 2. Reservierung, 3. Lösung,
4. Beschreibung

b
1. Bestellung, 2. Meinung, 3. Bezahlung, 4. Erinnerungen

8 Gelernt ist gelernt!

1a
1. beruflich, 2. Land, 3. Sprache, 4. allein, 5. Lehrer,
6. Sprachkurs, 7. leicht 8. Spaß, 9. Problem,
10. Aussprache

1b
1. Ich wollte schon immer …
2. Zuerst war das nicht möglich, …
3. Hier gibt es die „Gartenfreunde" …
4. Ich habe am Anfang gedacht, …
5. Im ersten Jahr ist …
6. Im zweiten Jahr war es …

2
1. Wann hast du Schwimmen gelernt?
2. Was hast du im letzten Jahr gelernt?
3. Kannst du ein Musikinstrument spielen?
4. Möchtest du eine neue Sprache lernen?
5. Was findest du beim Deutschlernen schwierig?

3
1D, 2F, 3C, 4A, 5B, 6E

4
1. einhalten, 2. verschieben, 3. entspannen,
4. vorbereiten, 5. konzentrieren, 6. nachfragen

5
1. Mario sollte Zeit mit Freunden einplanen.
2. Du solltest auch mal nichts tun.
3. Man sollte von seiner Nervosität erzählen.
4. Sie sollten vor Prüfungen tief durchatmen.
5. Wir sollten morgen zusammen lernen.
6. Leon sollte nicht so streng zu sich sein.

6a
1. lernen, 2. gemacht, 3. Ausbildung, 4. Beruf, 5. viel,
6. Tag, 7. erzählt, 8. gute, 9. Hilfe, 10. begleitet, 11. Arzt,
12. hat, 13. Mal, 14. wenn (weil)

7a
1. Übersetzerin, 2. Praktikum, 3. freiberuflich, 4. Aufträge,
5. Dolmetscher, 6. Behörde, 7. neutral
Lösungswort: Sprachen

7b
1. Was für, 2. was für eine, 3. Was für ein, 4. Was für
einen, 5. was für einem, 6. Was für ein

8
1. Es war nicht so klug von mir, dass ich am Sonntag
Abend so spät zurückgefahren bin.
2. Dein Ratschlag war gut, aber ich habe nicht genug
gelernt. Wie blöd von mir!

3. Das war echt lieb von dir, dass du mir Bescheid
gegeben hast. Bis bald!
4. Glaub mir, der Weg auf diesen Berg ist nicht schwer.
Das schaffst du bestimmt.

9a
1. a, 2. b, 3. a, 4. a, 5. b

9b
1E, 2G, 3A, 4F, 5B, 6D, 7C

10a
1. vorstellen, 2. gewählt, 3. mitmacht, 4. sprechen,
5. funktioniert, 6. gibt, 7. wichtig

10b
1. Mir gefällt besonders gut, dass …
2. Ich gebe Ihnen ein Beispiel.
3. Ich fasse kurz zusammen.
4. Vielen Dank.
5. Haben Sie noch Fragen?

11
1. Wählen Sie einen interessanten Inhalt!
2. Verwenden Sie Bilder!
3. Sehen Sie die Zuhörer direkt an!
4. Sprechen Sie klar und deutlich!
5. Machen Sie eine Gliederung!
6. Bedanken Sie sich am Schluss!

Wortbildung
a
1. a, 2. b, 3. b

b
1. problemlos, 2. kostenlos, 3. fleischlos, 4. fantasielos

9 Sportlich, sportlich

1a

1. Fan, 2. mache, 3. Matte, 4. Studio, 5. Sport, 6. Pferd,
7. entspannen, 8. Freizeit, 9. begeistert, 10. Wasser,
11. Grenzen, 12. gefährlich

1b

1. Im Herbst.
2. Sie war noch ein Kind. (Als Kind.)
3. Der Weg nach unten macht Spaß.
4. Die Probleme in der Arbeit und zu Hause.
5. Ein Rad, Radkleidung und -schuhe, einen Helm, eine
   Trinkflasche, Kleidung für Regen, etwas zum Essen,
   wichtiges Werkzeug.
6. Die Ruhe.

3

Hast du das gesehen? Das war großartig! Er ist einfach
der Beste. Oh, wie ist das schön!
Nein, bitte nicht! Das kann doch nicht wahr sein! So ein
Pech!
Hoffentlich klappt es. Die sind doch nicht so gut. Ich
hoffe, dass wir heute gewinnen.

4

1C, 2A, 3D, 4 B
1. schade, 2. mich, 3. hoffe, 4. Zeit, 5. dann, 6. nicht,
7. waren, 8. hatten, 9. wir, 10. Echt, 11. ein, 12. bestimmt,
13. muss, 14. blöd, 15. wirklich, 16. dann, 17. Wahnsinn,
18. als, 19. Einfach

5

1. deshalb, 2. trotzdem, 3. trotzdem, 4. trotzdem,
5. deshalb

6

1. …, dass ich dich nächste Woche live sehe.
2. …, trotzdem gehe ich in Köln auf dein Konzert. / …,
   trotzdem gehe ich auf dein Konzert in Köln.
3. …, weil du die Probleme von Menschen verstehst.
4. …, aber du hast immer Zeit für deine Fans.

7

1. Welchen Sport findest du besser, Radfahren oder
   Volleyball?
2. Lara spielt gern Fußball, sie ist schon lange in einem
   Sportverein aktiv.
3. Lars klettert oft in den Bergen oder im Winter auch in
   der Sporthalle.

8

1. Vorschlag, 2. macht, 3. Zeit, 4. wird, 5. nächstes
6. lieber, 7. Idee, 8. dann, 9. Film, 10. sicher

9

1D, 2F, 3A, 4B, 5C, 6E

10a

Frau Bense ist Deutschlehrerin. Sie gibt den Schülern
Montag, Mittwoch und Freitag Deutschunterricht. Heute
hat sie der Gruppe die neue Grammatik erklärt. Und sie
hat ihren Schülern den Intensivtrainer empfohlen. Am
Nachmittag schickt sie ihnen eine Mail, weil der Kurs
am nächsten Freitag ausfällt.

10b

1. Heute hat die Lehrerin ihren Schülern ein Spiel
   mitgebracht.
2. Sie erklärt ihnen die Regeln.
3. Sie gibt jeder Gruppe einen Würfel.
4. Eine Schülerin leiht der Lehrerin ihre Uhr.
5. Die Lehrerin schenkt den Siegern einen Kuchen.

11

1. es ihnen, 2. sie ihr, 3. es ihm, 4. ihn dir, 5. ihn dir,
6. es ihm

12a

1. erreichen, 2. nehmen, 3. brauchen, 4. besuchen,
5. die Grenze

12b

1. ~~die Straße~~, 2. ~~die Pause~~, 3. ~~der Sommer~~, 4. ~~der Staat~~

13

1. Ort, 2. Namen, 3. Strände, 4. beliebt, 5. kommen,
6. erholen, 7. gesund, 8. Jahr, 9. Aufenthalt, 10. Einwohner,
11. Symbol

Wortbildung

a

1. ~~ankommen~~, 2. ~~zurückfahren~~, 3. ~~anmachen~~,
4. ~~mitarbeiten~~, 5. ~~weitergeben~~

b

1. zurückgehen, 2. zusammenleben, 3. wegfahren,
4. mitgegangen, 5. weitergehen

10 Zusammen leben

1a

der Altbau, -ten; der Bauernhof, ⸚e;
die Ferienwohnung, -en; das Hausboot, -e;
das Hochhaus, ⸚er; das Apartment, -s; die Wagenburg, -en;
die Wohnung, -en; das Wohnheim, -e

1b

1. Eingang, 2. Garage, 3. Dach, 4. Balkon, 5. Garten,
6. Keller, 7. Fenster
Lösungswort: Nachbarn

2

1. wohnt, 2. findet, 3. gemütlich, 4. hoch, 5. groß,
6. Zimmer, 7. Bad, 8. einfach, 9. wenn, 10. kalt, 11. Familie,
12. Bauernhof, 13. Dorf, 14. Leben, 15. Aber, 16. Arbeit,
17. langweilig, 18. wichtig, 19. weg, 20. Hilfe

3

1. legt – gratuliert, 2. gratuliert – grüßt, 3. hilft – legt,
4. gießt – entschuldigt, 5. grüßt – gießt, 6. entschuldigt –
hilft

4a

1. a, 2. b, 3. a, 4. b

4b

Sie können das Fahrrad (doch) nicht hier abstellen. Das
ist verboten. Der Eingang muss frei sein.
Es stört mich, wenn ihr so laut seid. Die Unordnung geht
wirklich nicht. Ihr solltet dringend aufräumen.

4c

1. Könnten Sie mir kurz Ihr Werkzeug leihen?
2. Könntest du morgen die Fische füttern?
3. Könntet ihr bitte etwas leiser sein?
4. Könntest du mir einen Kaffee machen?
5. Könnten Sie Frau Raich anrufen?

5a

Öl: in der Flasche, Kalender: an der Wand, Frau: auf dem
Sofa, Teppich: unter dem Tisch, Uhr: über der Tür, Hund:
zwischen dem Stuhl und der Tür, Schlüssel: neben dem
Schrank, Pflanze: vor dem Regal, Foto: hinter dem Bild

5b

1. Die Kochbücher liegen auf dem Boden.
2. Der Stuhl steht vor dem Herd.
3. Der Teppich hängt an der Tür.
4. Die Katze sitzt auf dem Schrank.
5. Die Blumen liegen auf dem Tisch.
6. Der Hund sitzt auf dem Stuhl.
7. Die Pfanne steht auf dem Kühlschrank.

5c

1. auf den Boden, 2. gelegt. 3. an die Wand, 4. gestellt, 5.
ins (in das) Regal, 6. gestellt, 7. über den Herd,
8. gehängt, 9. aufs (auf das) Regal, 10. gestellt, 11. unter
den Tisch, 12. auf den Teppich, 13. gelegt, 14. neben den
Hund, 15. gelegt

6

1. gepackt, 2. bestellt, 3. abgemeldet, 4. verabschiedet,
5. eingezogen, 6. angemeldet

7

1. als, 2. wenn, 3. Als, 4. Wenn, 5. Als, 6. als

8

1. die Daten/Angaben, 2. die Architektur, 3. die Gebäude,
4. die Kulturangebote, 5. die Arbeitsorte

9

1. in|dresden|gibt|es|viele|alte|gebäude||aber|auch|inte
ressante|neue|architektur.
2. der|architekt|gottfried|semper|hat|das|opernhaus|ge
plant||deshalb|heißt|das|gebäude|"semperoper".
3. die|neue|synagoge|ist|ein|modernes|gebäude||es|hat|
2002|den|preis|für|die|beste|architektur|bekommen.
4. in|der|kunsthofpassage|gibt|es|viele|cafés|und|gesch
äfte||die|atmosphäre|ist|kreativ|und|bunt.

11

1. …, dass manche Leute eine Ratte haben.
2. …, wie viel Geld man für Haustiere ausgibt.
3. …, dass es sogar Schweine als Haustier gibt.
4. …, dass Haustiere bei Stress helfen.
5. …, dass mehr Frauen als Männer Haustiere haben.
6. …, wie viele Menschen einen Hund haben?

12

1. zum Fluss, 2. eine Straße, 3. gesehen, 4. der Ente,
5. geschickt, 6. bekannt

Wortbildung

a

1. Hündchen – Hund, 2. Häschen – Hase, 3. Bärchen –
Bär, 4. Kätzlein – Katze

b

1. Städtchen, 2. Häuschen, 3. Gärtchen, 4. Schildchen

11 Wie die Zeit vergeht!

1a

1. Als ich in die Schule …
2. Mit 16 Jahren habe ich …
3. Am Wochenende war ich …
4. Bald nach dieser Reise haben wir …
5. Später war ich dann …
6. Seit sieben Jahren bin ich …

1b

1. verbringen, 2. studiert, 3. geworden, 4. gereist,
5. kennengelernt, 6. geheiratet, 7. geblieben, 8. gemacht,
9. eröffnet, 10. bekommen, 11. kümmern, 12. getrennt,
13. genießt, 14. besucht

2

1. in der Schulzeit, 2. in der Ausbildung / im Studium,
3. im Beruf, 4. als Vater/Mutter, 5. als Rentner/in

3

1D, 2E, 3A, 4C, 5B

4

1. Sie würde sich gern ein paar Tage ausruhen.
2. Aber sie würde lieber eine Pause machen. (Sie würde aber lieber …)
3. Sie wäre lieber zu Hause. (Lieber wäre sie zu Hause.)
4. Sie hätte lieber jetzt Urlaub. (Sie hätte jetzt lieber Urlaub. Lieber hätte sie jetzt Urlaub.)
5. Sie würde gern öfter etwas mit Freunden unternehmen. (Gern würde Sie öfter …)
6. Sie wäre lieber wieder in der alten Firma. (Lieber wäre sie wieder …)

5

1. mit der U-Bahn fahren, … 2. einfach mal faul sein …
3. ihnen sagen, dass … 4. Zeit für die Freizeit … 5. öfter
Pause machen … 6. mit einer Kollegin …

1. Frau Kovacic, ich würde an ihrer Stelle mit der U-Bahn fahren. Das ist schneller.
2. Du könntest doch einfach mal faul sein und nichts tun.
3. Herr Isele, sie sollten ihnen sagen, dass Sie jetzt keine Zeit haben.
4. An deiner Stelle würde ich Zeit für die Freizeit einplanen.
5. Jan sollte einfach öfter Pause machen und die Fenster öffnen.
6. Eva könnte vielleicht mit einer Kollegin gemeinsam lernen.

7a

1. ~~vorbereitet~~ gesprochen über, 2. ~~gedacht~~ (sich)
vorbereitet auf, 3. ~~gesprochen~~ (sich) gekümmert um,
4. ~~gekümmert~~ gedacht an, 5. ~~erinnern~~ warten auf,
6. ~~warten~~ (sich) erinnern an

7b

1. über den Ausflug, 2. auf ihren Urlaub, 3. für seine
Arbeit, 4. von ihren Ferien, 5. mit ihrem Hund, 6. an seine
Hochzeit, 7. mit ihrem Chef

8

1. wir, 2. habe, 3. schlecht, 4. lieber, 5. machen, 6. will,
7. gehe, 8. Aber, 9. zusammen, 10. ich, 11. dem, 12. weiß,
13. gibt, 14. klasse, 15. lustig, 16. nach, 17. treffen,
18. etwas, 19. hältst, 20. einverstanden

9

1. Woran, 2. Wofür, 3. worum, 4. Über wen, 5. Worüber,
6. Worauf

10

1. Die Kajaktour am Freitag hat Mereth viel Spaß gemacht.
2. Die Kajaktour am Freitag hat Mereth viel Spaß gemacht.
3. Die Kajaktour am Freitag hat Mereth viel Spaß gemacht.
4. Am Freitag hat sich Milan über die Prüfung geärgert.
5. Am Freitag hat sich Milan über die Prüfung geärgert.
6. Am Freitag hat sich Milan über die Prüfung geärgert.

11

1. gesehen, 2. gekauft, 3. eingezogen, 4. produzieren,
5. einkaufen, 6. heizen, 7. genießen

12

1. Geld, 2. vergeht, 3. läuft, 4. Wunden, 5. Zeit, 6. kommt

Wortbildung

a

1. b, 2. a

b

1. die Hauptstraße, 2. Lieblingsfarbe, 3. Lieblingstiere,
4. Hauptbahnhof, 5. Lieblingscafé

12 Gute Unterhaltung!

1a
1. erfolgreichste, 2. längsten, 3. teuerste,
4. interessanteste, 5. bekanntesten, 6. meisten, 7. größte

1b
1. letztes, 2. toll, 3. Führung, 4. viel, 5. Leute, 6. einfach,
7. stressig, 8. Fotos, 9. angesehen, 10. spannend, 11. es,
12. Jahren, 13. sind, 14. tollsten, 15. Buch, 16. habe,
17. gelesen, 18. Geschichte, 19. auch

3a
1E, 2G, 3A, 4F, 5B, 6D, 7C

3b
1. Kreditkarte, 2. Versand, 3. Prozent, 4. Kontaktdaten,
5. Warenkorb, 6. zustimmen

4a
1. a, 2. b, 3. b, 4. a, 5. c, 6. b, 7. a, 8. c

4b
1. nichts, 2. alles, 3. etwas, 4. nichts, 5. alles, 6. etwas,
7. alles (etwas)

5a
1. Auf dem Festival in Wacken spielen Sie Hardrock und
Metall.
2. Ein drei-Tages-Ticket für Wacken kostet 220 Euro.
3. In Diepholz gibt es auch ein Festival, da wohnt mein
Bruder.
4. Das Festival in Diepholz ist dieses Jahr vom 1.–4.
August.
5. Für „Rock im Park" gibt es noch Tickets.
6. Letztes Jahr habe ich dort „Die Ärzte" gehört.

5b
1. Wo warst du? 2. Wie viele Bands (hast du gesehen)?
3. Wer (war am besten)? 4. Mit wem (warst du dort)?

6
1. Konzert, 2. Band, 3. Musiker, 4. Texte, 5. Lied, 6. Hits,
7. Bühne, 8. Musik

7
1. die, 2. die, 3. die, 4. das, 5. das, 6. die

8a
1. a, 2. b, 3. c, 4. b, 5. c, 6. b

8b
1. …, den du gerade gegrüßt hast? 2. …, die du
besuchen willst? 3. …, die ich oft im Zug treffe. 4. das da
vorne steht? 5. …, die so laut telefoniert? 6. …, den du
gut kennst?

9
1. …, der den Oscar gewonnen hat?
2. …, die „Harry Potter" geschrieben hat?
3. …, das Celine Dion gesungen hat?
4. …, die „Back to Black" gesungen hat?
5. …, der so gut in „Babylon Berlin" spielt? / der in
„Babylon Berlin" so gut spielt?
6. …, den die Fans so sehr lieben?

10
1. bunt, 2. realistisch, 3. originelle, 4. abstrakt, 5. kreativ

11
1. Im Vordergrund, 2. links (rechts), 3. rechts (links), 4. Im
Hintergrund, 5. Auf dem, 6. oben, 7. unten , 8. vorne

Wortbildung
a
1. hell + blau, 2. dunkel + grün, 3. blau + grün

b
1. dunkelrot, 2. dunkelbraunen, 3. hellblau, 4. hellblonde,
5. gelbgrünen, 6. graubraun

Beispiel	Terminus	in Ihrer Sprache
a, b, c, d, e, f, g …	der Buchstabe	_____
b, c, d, f, g, h, j …	der Konsonant	_____
a, e, i, o, u	der Vokal	_____
ä, ö, ü	der Umlaut	_____
ich / wohnen / in / Frankfurt	das Wort	_____
Ich wohne in Frankfurt.	der Satz / der Aussagesatz	_____
Wie geht's? Kommst du?	die Frage	_____
Wie heißt du? Wo wohnen Sie?	die W-Frage	_____
Gehen wir ins Kino? Hast du Zeit?	die Ja-/Nein-Frage	_____
Gehen Sie links! Sei aktiv! Fangt an!	die Aufforderung / der Aufforderungssatz	_____
Er arbeitet nicht, weil er krank ist. Sie freut sich, dass sie viel Zeit hat.	der Nebensatz	_____
Pia fragt, wann der Zug fährt. Leon weiß nicht, ob er frei hat.	die indirekte Frage	_____
Der Film, der mir am besten gefallen hat.	der Relativsatz	_____
gehen, kommt, war, getrunken …	das Verb	_____
gehen, kommen, sein, trinken …	der Infinitiv	_____
ich gehe, du gehst, er geht …	die Formen / die Verbformen	_____
ich …e, du …(e)st, er … (e)t …	die Endungen	_____
ich fahre – du fährst; ich lese – du liest	das unregelmäßige Verb	_____
anrufen, aufstehen, aussteigen	das trennbare Verb	_____
verstehen, entschuldigen	das nicht trennbare Verb	_____
Geh! Nehmt! Kommen Sie!	der Imperativ	_____
Lies vor!	du-Form	_____
Lauft schnell!	ihr-Form	_____
Gehen Sie links!	Sie-Form	_____
Könntest du mir bitte helfen? Ich würde das anders machen.	der Konjunktiv II	_____
können, wollen, müssen, dürfen, sollen	das Modalverb	_____
Sie ist Studentin. Sie wird Ärztin.	das Präsens	_____
Daniel hat drei Stunden lang gelernt.	das Perfekt	_____
gemacht, gegangen, gebracht, telefoniert	das Partizip II	_____

Beispiel	Terminus	in Ihrer Sprache
machen – gemacht, warten – gewartet	regelmäßige Verben	_____
gehen – gegangen, bringen – gebracht	unregelmäßige Verben	_____
Daniel <u>hat</u> lange gelernt. Er <u>ist</u> nach Hause gegangen.	das Hilfsverb	_____
Der Tag <u>war</u> schön. Wir <u>hatten</u> Spaß.	das Präteritum	_____
Ich <u>freue mich</u>. <u>Freust</u> du <u>dich</u> auch?	das reflexive Verb	_____
Ich bringe dir einen Kaffee.	Verben mit Dativ und Akkusativ	_____
warten auf, sich kümmern um …	Verben mit Präposition	_____
der <u>Bahnhof</u>, das <u>Hotel</u>, die <u>Straße</u>	das Nomen	_____
<u>der</u> Bahnhof, <u>das</u> Hotel, <u>die</u> Straße	der Artikel	_____
<u>der</u> Bahnhof, <u>der</u> Fluss	maskulin	_____
<u>das</u> Hotel, <u>das</u> Rathaus	neutrum	_____
<u>die</u> Straße, <u>die</u> Stadt	feminin	_____
der/ein Bahnhof, das/ein Hotel, die/eine Straße	Singular	_____
die Bahnhöfe, die Hotels, die Straßen	Plural	_____
<u>Der Mann</u> / <u>ein Baby</u> / <u>keine Frau</u> / <u>er</u> lacht.	der Nominativ	_____
Ich sehe <u>den Mann</u> / <u>ein Baby</u> / <u>keine Frau</u> / <u>dich</u>.	der Akkusativ	_____
Ich spreche mit <u>der Chefin</u>. Wir helfen <u>dir</u>!	der Dativ	_____
Julia<u>s</u> Handy, Lilly<u>s</u> Freunde, Klaus' Auto, Max' Bruder	der Genitiv (bei Namen)	_____
<u>der</u> Zug, <u>eine</u> Straße, <u>kein</u> Bahnhof, <u>mein</u> Fahrrad, <u>diese</u> Autos	das Artikelwort	_____
der, das, die	der bestimmte Artikel	_____
ein, ein, eine, -	der unbestimmte Artikel	_____
kein, kein, keine	der Negationsartikel	_____
mein, dein, sein …	der Possessivartikel	_____
<u>dieser</u> Zug, <u>dieses</u> Haus, <u>diese</u> Stadt	der Demonstrativartikel	_____
<u>Welcher</u> Zug? <u>Welches</u> Haus? <u>Was für ein</u> Konzert? <u>Was für</u> Bücher?	der Interrogativartikel	_____
ich, du, er, es, sie …	das Personalpronomen	_____
ich – mich, du – dich, er – sich …	das Reflexivpronomen	_____

Beispiel	Terminus	in Ihrer Sprache
man, jemand, niemand alles, etwas, nichts	das Indefinitpronomen	_____
der, das, die	das Relativpronomen	_____
grün, alt, schön, cool, schnell …	das Adjektiv	_____
Der Himmel ist <u>blau</u>. Aber es ist ein <u>kalter</u> Tag.	das Adjektiv im Satz	_____
der blau<u>e</u> Himmel, ein blau<u>er</u> Himmel, eine Wolke am blau<u>en</u> Himmel	die Endungen	_____
Heute ist es <u>wärmer als</u> gestern. Gestern war es nicht <u>so warm wie</u> heute.	der Vergleich	_____
Laura sucht einen <u>besseren</u> Job. Sie möchte <u>mehr</u> verdienen als jetzt.	der Komparativ	_____
Dieses Buch gefällt mir <u>am besten</u>.	der Superlativ	_____
für, mit, von, in, an, auf …	die Präposition	_____
in, an, auf …: Wir stellen das Sofa <u>ins</u> Wohnzimmer. Das Sofa steht <u>im</u> Wohnzimmer.	die Wechselpräposition	_____
bei dem – <u>beim</u>; zu der – <u>zur</u>; an dem – <u>am</u>, in das – <u>ins</u>	die Kurzform	_____
<u>zu</u> – <u>zum</u> Chef gehen; <u>bei</u> – <u>bei der</u> Chefin sein; <u>aus</u> – <u>aus dem</u> Haus kommen	Ortsanagaben	_____
<u>ab</u> – <u>ab dem</u> Moment; <u>an</u> – <u>am</u> Montag, <u>in</u> – <u>im</u> August	Zeitangaben	_____
Wer?, Wo?, Wohin?, Was?, Wann?, Wie?, Warum? …	das Fragewort / das W-Wort	_____
Woran?, Worauf? Womit? …	Fragewörter mit Präpositionen	_____
Es regnet <u>und</u> es ist kalt. Es regnet, <u>trotzdem</u> geht Eva spazieren. Jan findet es blöd, <u>dass</u> es regnet.	das Verbindungswort	_____
und, oder, aber, denn, sondern Es ist kalt, <u>aber</u> es <u>regnet</u> nicht.	Hauptsatz 1 + Hauptsatz 2	_____
trotzdem, deshalb Es regnet, <u>deshalb</u> <u>bleiben</u> wir zu Hause.	Hauptsatz 1 + Hauptsatz 2	_____
weil, dass, wenn, ob … Mara mag es nicht, <u>wenn</u> es <u>regnet</u>.	Hauptsatz + Nebensatz	_____

	Man schreibt ...	Man spricht ...	Beispiel		Man schreibt ...	Man spricht ...	Beispiel
a A	a aa ah	a̱ (lang)	aber, Paar, Jahr	m M	m mm	m	Mensch, immer
	a	ạ (kurz)	arbeiten, krank	n N	n nn	n	nach, beginnen
	ä, äh	ä̱ (lang)	spät, wählen	o O	o oo oh	o̱ (lang)	groß, Zoo, Sohn
	ä	ẹ (kurz)	Äpfel		o	ọ (kurz)	oft, kosten
	äu	oi	er läuft		ö öh	ö̱ (lang)	Öl, schön, Söhne
	ai	ai	Mai		ö	ọ̈ (kurz)	können
	au	au	auch, brauchen	p P	p pp	p	Park, Suppe
b B	b	b	bis, sieben		ph	f	Alphabet
	-b	p	Verb	q Q	qu	kw	bequem, Quatsch
c C	ch	(i)ch	ich, wichtig	r R	r rh rr	r	rechts, Rhythmus, Herr
	ch	(a)ch	machen, Kuchen	s S	s ss	s	sich, essen
	chs	ks	sechs		s	s	Sonne, sehen
d D	d	d	das, finden		sch	sch	schön, Geschenk
	-d	t	Bild		sp	schp	spät, sprechen
	-dt	t	Stadt		st	scht	Stück, stehen
e E	e ee eh	e̱ (lang)	Leben, Meer, geht		st	st	Samstag, lustig
	e	ẹ (kurz)	essen, lernen		ß	s	groß, heißen
	-e	e	Flasche	t T	t th tt	t	Tag, Theater, bitte
	-er	a	Mutter		-t(ion)	ts	Information
	eu	oi	euch, heute	u U	u uh	u̱ (lang)	gut, Uhr
f F	f, ff	f	Flasche, offen		u	ụ (kurz)	und, Bus
g G	g	g	gern		ü üh	ü̱ (lang)	über, früh
	-g	k	Tag		ü	ụ̈ (kurz)	müssen
h H	h	h	heißen, helfen	v V	v	w	Verb, Video
i I	i ie ih ieh	i̱ (lang)	Ski, lieben, ihn, sieht		v	f	viel, Vater
	i	ị (kurz)	immer, links	w W	w	w	wann, schwimmen
	-ig	-ich	wichtig	x X	x	ks	Praxis, Text
j J	j	j	Jahr, Juli	y Y	y	ü̱	typisch, Symbol
k K	k ck	k	Käse, Bäckerei		y	i	Party, Handy
l L	l ll	l	Leben, billig	z Z	z	ts	Zahl, ankreuzen